リーダーに贈る「必勝の戦略」

人と組織を生かし新しい価値を創造せよ

Winning Strategies for Leaders

大川隆法

Ryuho Okawa

目次

Contents

第II部 リーダーシップの不足を招く盲点《もうてん》

——基礎《きそ》力《りょく》を磨《みが》きつづけているか

第6章 基礎をつくり、強みにフォーカスする

第7章 常に〝先取り学習〟する姿勢を

第8章 逆境に強い「器《うつわ》」をつくる

第9章 人を生かして成果をあげる

第III部 価値を創造するイノベーターでありつづけるには

第10章 組織規模や環《かん》境《きょう》に応じて戦う

第11章　組織の人材養成力を上げる方法

第12章　「目に見えない力」の協力を得る

第13章　貢献《こうけん》マインドが生み出す大きな力

エピローグ

プロローグ　時代の流れを鳥瞰《ちょうかん》するリーダーの目

保護されている産業は次々に滅《ほろ》びていく

日本では、一九九一年ごろに、「バブル崩壊《ほうかい》」ということが言われました。しかし、ほんとうは、「バブルが弾《はじ》けた」ということではなく、「いま、日本のなかにある〝社会主義〟体制が崩壊過程にある」ということなのです。

社会主義の総本家であるソ連が崩壊し、日本のほうにも、やっと、その流れが来ているのですが、マスコミ人や学者のなかには、マルクス主義経済学の洗礼を受けた人が多く、「バブルが弾けた。バブルが崩壊したのだ」という理解をしている人が、まだたくさんいます。ほんとうはそうではなく、いま、日本のなかにある社会主義が崩壊しようとしているのです。

そう考えると、これからの日本がどうなるかは見えます。

未来がさっぱり分からないのは、マルクス主義の洗礼を受けた思想家や学者たちです。彼《かれ》らは、「日本は、このあと、社会主義、共産主義に移行しなければいけないはずだ」と考えているのですが、そちらのほうが潰《つぶ》れているため、行き先がなくて困っているのです。マルクス主義の立場から、「資本主義が崩壊した」と考えると、先が分からず、どうしたらよいか分からないわけです。

ほんとうは、資本主義が崩壊したのではなく、「日本のなかにあった社会主義が、いま崩壊しようとしている」ということなのです。ただ、それには時間がかかっていて、まだ終わっていません。もう少し時間がかかるでしょう。

それが終わると、すべてのものをもっと自由に取引できる世界がやってきます。

「いま、外資がどんどん日本に入ってきている」ということも、ある意味で、よいことです。これは、「占領《せんりょう》されている」ということでもあり、〝第二の敗戦〟といえば、そのとおりなのですが、それによって考え方の間違《まちが》いを指摘《してき》してもらっているのです。ほんとうの資本主義の市場経済がつくられるために、外資が入ってきていると言えます。

このように考えると、「これからの十年、二十年がどうなるか」ということは、ほぼ読めます。そういう方向に動いていくわけです。

その意味では、企業《きぎょう》の経営者は、自立した頭脳を持った人でなければいけませんし、国家を頼《たよ》りにしていてはいけません。

「お上《かみ》を頼りにする」という意識は、日本人が江戸《えど》時代から引きずっている意識ですが、この意識を持っているところは滅《ほろ》びます。「お上を頼りにしている。お上に補助してもらう。お上に保護してもらう」という産業は次々と滅びていきます。法律に護《まも》られて独占的《どくせんてき》に仕事をしているところは次々と潰れていくのです。

「保護をなくして、〝放し飼い〟、自由競争にする。そして、サービス合戦をした結果、顧客《こきゃく》のニーズを満たすことができたところのみが生き残り、繁栄《はんえい》・発展する」という未来が見えるわけです。

マクロ的な流れに参画しながら努力する

いま、社会が変わっていこうとしています。

そのため、「未来の社会が、どのような方向に流れていくのか」ということを、よくよく見ていかないと、個人としては、よい人であっても、時代の波に翻弄《ほんろう》されて、地獄《じごく》を見ることがあります。

たとえば、ある人が、小さな会社の経営者をしていて、従業員が五人ぐらいいるとします。そして、その会社では、理想的な経営がなされていて、従業員たちは、みな朗《ほが》らかで、明るく元気で幸福に生きているとします。

ところが、社会のシステムが、がらっと変わっていくときに、経営者が、それを見抜《みぬ》けなかったら、その会社は、たちまち独立企業から下請《したう》けに回され、次に潰されてしまうでしょう。その結果、「夜逃《よに》げをする」「一家離散《りさん》になる」「離婚《りこん》をする」「子供が学校へ行けなくなる」など、いろいろと不幸なことが起きてきます。

そうすると、その経営者は、『旧約聖書』のヨブのように、「なぜ、こんなことになるのだ。私は、あんなに一生懸命《いっしょうけんめい》やっていたではないか」と、神を恨《うら》みたくなるかもしれません。しかし、それは、もう一つの部分として、時代を読む目が足りなかったからなのです。

したがって、時代を読む目を持ち、「西洋的には神、東洋的には仏の、大きな考えが、どのような世界を到来《とうらい》させようとしているのか」というところを見ていなければなりません。そこを見ずに、個人だけで考えて完結していても駄《だ》目《め》なのです。

「仏神《ぶっしん》が、大きな社会をどのような方向に持っていこうとしているのか」という、マクロ的（巨視的）な流れを知り、その流れのなかに参画しながら、個人として努力していくことが大事です。

そのように、「先見性を持って時代の流れを読んでいく」ということは、非常に大事なことであると知っていただきたいのです。

「世界はどう動いていくのか」という、時代の流れ、時代の方向性を見抜かなければいけません。それが、大きな構造変化を通して未来をつくっているのです。そのことを知り、考える必要があります。時代の流れを、過去からも未来からも照らして鳥瞰《ちょうかん》する必要があるのです。

第I部

リーダーの何に人は惹《ひ》きつけられるのか

Winning Strategies for Leaders

第1章

燃えるような使命感

――どうすれば心に火がつくか

1 より上質なビジョンを描《えが》く方法

精神の状態によって、ものの見え方が変わる

ビジネスの世界などで、よく使われる小話《こばなし》があります。

「二人の商社マンがアフリカに行った。一人は、アフリカの人々の姿を見て、『ああ、靴《くつ》を売りたい』と思ったが、『彼《かれ》らは裸足《はだし》で歩いているから、売り込《こ》む余地がない』と、日本の本社にテレックスを打った。もう一人は、『彼らは裸足で歩いているから、彼らが靴を履《は》く習慣を身につけたら、非常に大きなマーケットができる』とテレックスを打った」

そういう話が、有名な伝説的話として伝わっていますが、このように、思いの世界でどう思うかによって、現実は大きく変わってくるのです。そして、「どういう結論を自分が信じるか」ということは、「将来のビジョンがありありと見えているかどうか」ということに大きく左右されるように思います。

どのように、そのビジョン、結論が見えるのかを考えてみると、みなさんは、決して色眼鏡《いろめがね》をかけているつもりはないにもかかわらず、やはり、ある種の色眼鏡を通して世界を見ていることは事実なのです。その色眼鏡とは自分自身の心の色合いだと思います。人間は現在ただいまの精神状態を通して世界を見ることになります。

ビジョンを描き、現実を手繰《たぐ》り寄せる

みなさんは、現実に接して、ある人を見、ある事実を見るときに、何らかの結論を出そうとするわけですが、その際に、「ちょっと待て。自分は、きょう、どの程度の心境だろうか。たとえば、一カ月のなかで見たら、気分のよいほうか、中くらいか、悪いほうか」と、自分に問いかけてみるとよいのです。

そして、「あまりよくない状態だな」と思ったときには、自分自身に、こう言い聞かせる必要があります。「きょうの自分は、非常にマイナスのものの見方をしているから、きょう、他人から聞いた情報で、もし悲観的に思えることがあっても、これは鵜呑《うの》みにするまい。あるいは、自分が口に出したことで、他の人の機嫌《きげん》が悪くなったら、これは自分の思いのせいだ。だから、『いけない』と思ったら、きょうは何回でも頭を下げるぞ」、このように思うと、コントロールができます。

逆に、調子のよい日であれば、何十年も先までが見えてきます。そして、大きなことを言いはじめます。特に、霊的《れいてき》な世界に触《ふ》れると、十年先でも百年先でも、ぐいぐい手繰《たぐ》り寄せられそうな気がしてくるのです。実際、そうはなるのですが、それは、生きているうちに起きるかどうかが分からないだけのことなのです。

自分の心境のいちばんよいときにビジョンを思い描き、これを手繰り寄せて、自分のものにできると思える力が大事です。これが、実際に体験として、二つ、三つ、四つと、幾《いく》つか積み重なってきはじめると、この力は一定の実力になってきます。そして、確信というものが出てきます。三つ以上、そういう実体験があると、自分で信じられるようになってくるのです。

ある有名な自動車会社の社長で、「この次の自動車レースでは、世界のレーシングカーのなかで、うちの車が絶対にトップになる」と豪語《ごうご》した方がいました。そして、社員は誰《だれ》も信じなかったのに、結果はそのとおりになり、そのグランプリで勝って以後、会社が大躍進《だいやくしん》しました。

これなどは、トップが抱《いだ》いた信念が、ちょうど、とりもちか何かのように、実相世界（注）にある結論にピタッとくっついて離《はな》れず、それを手繰り寄せたのです。他の社員全員が「そんなばかなことがあるものか」と思っても、それを一人の信念がグーッと引っ張ってきたわけです。こういう人をトップにしている会社は絶対に伸《の》びていきます。

（注）あの世、霊界《れいかい》のこと。物質はなく、思いだけが存在し、思えばそのとおりのものが現れ、思うことをやめると、それが消えてしまう世界。この世の人間が強い思いを抱けば、思ったとおりのものが実相世界に現れ、それが、思いの強さと持続時間などに応じて、この世に物質化する。

2 「わが社」と「私」は、なぜ必要なのか

〝異常性のある熱意〟を持てるか

戦後に発展した、いろいろな企業《きぎょう》等を見ても、〝異常性のある発展〟をしたところは、残らず、そこの経営者が、〝異常性のある熱意〟を持っています。その熱意は並ではありません。いわゆるサラリーマンの熱意とは違《ちが》います。サラリーマンの熱意は給料の範囲内《はんいない》でしょう。異常な発展をしたようなところは、すべて、経営者の熱意が普通《ふつう》ではないのです。

トップのその熱意は、どこから来ているかというと、やはり使命感でしょう。その使命感は、どこから生まれているかというと、「『わが社は何のためにあるのか』という問いの答えを求めて考えつづけている」ということでしょう。

「社員が飯を食えて家族を養えるために、そして、私が社長を続けられるために、わが社が存在しつづけられるといいな」という答えは、普通の答えなのです。

しかし、こんな答えでは駄目《だめ》です。たとえ、小さくても、社員が三十人、五十人、百人の企業であっても、「世を照らす。社会を照らす」という気持ちを持っているところは、やはり大きくなります。

それ以外の条件もたくさんありますが、まず、そういう情熱を持たないかぎりは発展しません。

その情熱が異常に高い人のところでは、求心力が働いて、その人が磁石のようになり、周りがねじ曲がってくるのです。近くにいる人たちも磁石になってしまうので、社員も磁石化し、取引先、あるいは同業他社まで吸い込《こ》んでいき、どんどんと大きくなっていくようになります。

したがって、情熱が必要です。情熱のもとは使命感です。使命感のもとは、「わが社は、何のために存在するのか。なぜ存在しつづけなければいけないのか。なぜ、この社会が、国が、世界が、わが社を必要とするのか」という問いに対する答えを求めつづけることです。そういう経営者には、信念、使命感が生まれ、情熱が生まれてきます。

「絶対に必要だ」と言い切れるか

企業間の競争は多いので、はっきり言えば、なくなったとしても困らない会社ばかりです。会社のほうは、「そんなことはない。うちこそ老舗《しにせ》です」「百年やりました」「有名な会社です」などと言うわけですが、「ほんとうに必要か」というところを、やはり問われているのではないでしょうか。

自動車会社を例に取れば、トヨタは年に一兆円以上もの利益をあげていますが、そのような会社だって、消えても困らないかもしれません。トヨタが消えても、いま不振《ふしん》の会社がみな立ち直って頑張《がんば》るだけで、消費者などは困らないかもしれないのです。そういう危機感があるから、トヨタは、「改善、改善」と言って、みんなで改善運動をしているのだと思います。

ある会社や店が、いま地上から消えたとして、その当座は、そこで働いていた人たちは困りますが、それ以外の人にとっては、消えて困る会社も店も、そんなにはありません。競争があるので、すぐに、ほかのものへ鞍替《くらが》えできるのです。

テレビだって、自動車だって、ほかの会社から買えます。着る物だって、よそから買えます。農作物だって、日本で穫《と》れなければ海外から買えます。

だからこそ、「なぜ、うちの製品を買いつづけてもらわないといけないのか」「なぜ、わが社がありつづけなければいけないのか」という問いに答えなくてはいけないのです。

「絶対に必要だ」と言い切るのは非常に難しいことです。

「『絶対、うちの会社がなければ困るのだ』というものを考え出せ。その哲学《てつがく》をつくり出せ」と言わなければいけません。そうすれば、みんなが燃え上がってきます。そうなれば発展するでしょう。哲学を持っていない会社と持っている会社の違いは歴然です。

そういう使命感のもとにあるのは、「なぜ、わが社は必要なのか」という根源的な問いを持ちつづける、経営者なり管理職なりがいることでしょう。

こういう根源的な問いに答えてください。その答えを考えるなかで、やるべきことは、はっきり見えてくるはずです。

3 大発展企業《きぎょう》のエネルギーの源

宗教に学ぶ「経営の原理」

企業活動をしている人々、経営者や管理職、あるいはビジネスエリートたちにとっても、宗教から学ぶべきものはあるでしょう。

それでは、いったい、どのようなものを宗教から学ぶべきなのでしょうか。

宗教に学ぶ「経営の原理」の一番目は理想や信念です。宗教において至るところに満ち溢《あふ》れているものは、理想や信念なのです。

宗教は、「かくあるべし」という理想の塊《かたまり》のようなものです。「ユートピア」と言ったり、「仏国土《ぶっこくど》」と言ったり、「理想郷」と言ったり、言い方は、いろいろありますが、宗教活動というものは、基本的には、仏の国づくり、神の国づくり、ユートピアづくりであり、そういう理想を目指しているものなのです。

さらに、その理想を実現しようとする人々は信念の塊です。「これは絶対の善である」「これは絶対に正しい」「これは成し遂《と》げねばならないことだ」という、強い使命感に裏づけられた人々なのです。それが宗教に生きる人々です。

この部分は、薄《うす》められたかたちであっても、企業活動のなかに取り入れるべきものであろうと思います。

宗教を模倣《もほう》した松下幸之助《まつしたこうのすけ》

実際に、宗教の模倣《もほう》というか、宗教的な考え方を見事に企業活動に取り入れて生かしたのが、松下《まつした》電器をつくった松下幸之助《こうのすけ》です。

彼は、戦前の昭和の大不況《だいふきょう》のときに天理教を視察に行き、天理教にたいへん活気があるのを見て、「企業は、どこも青息吐息《あおいきといき》なのに、こんなに活発に活動している宗教があるのは、なぜだろう」と思い、「やはり、理想や使命感などがあるからではないか」と感じました。

そして、「天理教の人々の持っている信念とは、『やらなければいけない』という、奉仕《ほうし》の心や使命感である。これに学ぶ必要がある」と考えたのです。企業が、まさしく宗教を模倣したわけです。

企業の社長が宗教の教祖を模倣して、「松下七精神《まつしたななせいしん》」という〝基本教義〟をつくりました。「そういうかたちで宗教のスタイルを企業に持ってくることによって、ある程度、宗教と同じようなことができるのではないか」と考えたのです。

もちろん、宗教そのもので電気製品をつくったりすることはできませんが、彼は、「考え方や活動理念としては使えるのではないか」ということを、天理教を見て悟《さと》り、開眼したようです。

根本的な哲学《てつがく》を考え抜《ぬ》く

その理想が本物であれば使命感が出てきます。

したがって、まず、自分の会社において、宗教的な理想や使命感にも似たものを、何らかのかたちで考え出さなければいけないのです。「自分の会社を通じて何ができるか。仏国土ユートピアづくりに、いかなるかたちで参画することが可能であるか」ということを、とことん考え抜《ぬ》くべきです。

経済の原理からいっても、基本的に、世の中の役に立たないものは消えてなくなり、人々の役に立つものが残っていくことになるので、この「根本的な哲学を考え抜く」ということは非常に大事なことなのです。

第2章 透《とう》徹《てつ》した見識

――自分自身の固定観念から脱《だっ》出《しゅつ》する

1 リーダーに必要な「バランス感覚」「先見性」「社会貢《こう》献《けん》への願い」

金と人の面におけるバランス感覚

私は、経営者にとって大事な条件は三つあると考えます。
一番目は、「バランス感覚が優《すぐ》れている」ということです。
このバランス感覚は二重の意味を持っています。第一のバランス感覚は、金銭面でのバランス感覚です。「収入・支出についてのバランス感覚が優れている」ということが大事です。第二のバランス感覚は、人材登用におけるバランス感覚であり、「適材適所ができる」という意味でのバランス感覚です。

人間は、向いているところに使われれば、幾《いく》らでも、その能力を発揮するものですが、向いていないところに使われれば、まったく能力を発揮することができません。この意味において、バランス感覚が非常に大事だと思います。

結局、「どのように人員を配置することが、全体の機能をアップすることになるか」ということです。

「過去・現在・未来」を超越《ちょうえつ》する目を持て

経営者の条件として二番目に大事なことは、未来志向型であることです。未来志向型とは、「常に未来に目が向いている」ということです。

常に、一年先、五年先、十年先を見ていく必要があります。自分の事業の何年か先を見ることは当然ながら、自分の事業以外の環境《かんきょう》をも含《ふく》めて、「環境は、どうなっていくのか。そのなかで、どのようにやっていけばよいのか」ということを考える必要があるのです。「未来を見つめ、未来のなかの自分たちのありかを探《さぐ》る」ということが必要なのです。

経営者というものは、「過去・現在・未来」を超越《ちょうえつ》する目を持っていなければならないと言えましょう。

過去の目とは、一年前の目、あるいは創業期の目です。そのような目でもって、現在の自分たちの立場、あり方、業容というものを見直す必要があるでしょう。また、未来の立場に立って、「自分たちの事業が、いったい、どのようになっていくのか。そのときに、どれだけの人材や資金、空間資源が必要なのか」ということを、総合的に勘案《かんあん》していく見方が大事です。

「過去・現在・未来」を超越するためには、どうしたらよいのでしょうか。

私は、その際に必要なものは、「自分というものを突《つ》き放して見る」という行為《こうい》であり、そういう才能であると思います。

どうしても、「肉体に目が付いている」というかたちでしか見られないのであれば、これはできません。しかし、いったん自分を離《はな》れて、遙《はる》かなる大空から自分自身を見つめるように、あるいは、第三者の目で自分自身を見つめるように、自分の「過去・現在・未来」を客観視することができれば、これができるようになってくるはずです。主観的な感情に酔《よ》うことなく、自分と自分の周りのあり方を客観的に見ることができなくてはならないのです。

社会に対して何らかの還元《かんげん》をする

経営者の必須《ひっす》条件として三番目に挙げたいことは、やはり、『世の中にとって役立つことをしたい』と、常々、願っている」ということです。

「自社だけの利益、あるいは、自分一人だけの利益を求めていって、それなりに成功する」ということもありえましょう。しかし、そういう生き方をしている人は、長い目で見たときに、必ずどこかでつまずくことになります。

それではいけないのであって、「社会に対して何らかの還元《かんげん》をしていく」という考えが必要なのではないでしょうか。そうであるからこそ、経営者という恵《めぐ》まれた立場、優れた立場に置いていただけるのではないでしょうか。そのような社会性ある視点を忘れてはなりません。

経営者の二番目の条件が、「時間的な目」ということであるならば、三番目の条件は、「空間的な目」と言ってもよいでしょう。「業界のなかでの自分たち」、あるいは、「社会のなか、国のなかでの自分たち」という、空間的な目でもって見つめることができることが大切だと思います。

2 大局と小事、両方にこだわることができるか

常に全体を見る目を磨《みが》け

大局観、全体観を持たない人は、経営者として、あまり優れた素質があるとは言えません。

たとえば、たまたま何かの技術を持っており、その技術によって、ある商品を開発し、売り出したところ、それがヒットしたとします。しかし、それが個人のレベルを超《こ》えて事業化され、会社が設立されたときには、経営というレベルの問題がどうしても出てくるので、技術へのこだわりだけでは、残念ながら、会社の運営は難しくなってきます。

そのような場合には、やはり、全体を見る目、大局観が大事です。「常に全

体を見ている」ということです。「会社全体、市場《しじょう》全体、あるいは日本の経済、世界の経済、それから政治が、どのように動いているのか。今後、どのような世の中になるのか」、こうした大局観を常に磨《みが》いている必要があります。

外部環境についての新しい情報などを、常に集めつづける姿勢が大事です。

そして、従業員が考えていないような、大きなスケールの発想も持たなければいけません。従業員が自分の仕事だけをしているときに、会社全体のこと、あるいは、外部との関係や未来のことなどを考える人が必要です。それが経営者としての資質だと言えるでしょう。

こういう大局観は、心して磨かなければいけません。大勢の人を率いていくには、この大局観が大事なのです。これには素質的な面もかなりありますが、素質に気がついても、「磨かざれば光なし」ということです。そうした大局観を常に磨く必要があるのだと思わなければいけません。

小さなことを見ていくなかに、あすへのチャンスがある

しかし、大局観だけにこだわっても経営者としては成功しません。

大まかなことが見えると同時に、小事、小さなことも、おろそかにしないことが大事です。そこに、あすへのチャンスがあります。

「現場主義」という言葉もよく使われます。トップが、たまに会社の工場や営業所などをふらっと訪《おとず》れてみると、そこにいる従業員には分からないことがトップの目には見えるのです。

「自分の思ったとおりに運営されているだろう」と思っていたのに、実際に見てみると、けっこう、とんでもないことがあったりします。

スーパーの例で言うと、全国的なスーパーの本社に勤務している役員や社長は、ペーパーの上だけで判断していますが、たまに現場の店を訪れてみると、まったく思いもしなかったようなことを目にすることがよくあります。

たとえば、売り場の様相が以前と全然違《ちが》ったものになっていたりします。あるいは、レジ係の応対に非常に問題があったり、従業員が、お客様からのクレームを処理しようとしていなかったり、談笑《だんしょう》していてお客様の言葉を聞こうともしていなかったりということもあります。

なかには、売れ筋のものを奥《おく》に引っ込《こ》め、売れないものを前に出していることもあります。「どうして、こんなことをするのか」と訊《き》くと、「在庫がたくさんたまるといけないので、売れない商品をできるだけ前に出して、売れ筋のものは後ろに隠《かく》しておくのです」などと言うわけです。

これは、トップが見れば、「なんとまずいことをしているのか」と、すぐに分かります。欲《ほ》しいものを見せないようにし、欲しくないものを売ろうとしているので、お客様から不満が出てくるのは当然です。

会社全体の運営という大局的なことも大事ですが、スーパーであれば、「売り場はどうなっているか。売り場面積はどのくらいか。何を売っているか。どんな売り方をしているか」ということなど、従業員の態度からお客様の反応までを見ることも、やはり大事です。あるいは、お客様のクレームの一つひとつを大事にすることが、あすにつながることもあります。

こういう小さなことを見ていくうちに、その小さなことが経営レベルに影響《えいきょう》する場合があります。一カ所で発見した小さなことは、ほかのところでも使える場合があるのです。

この態度に経営の舵《かじ》取《と》りの〝妙《みょう》〟がある

経営者というものは、経営マインドを磨く過程で、まず、大局的なことを常に考える必要があり、大きな戦略、時代の流れ、未来のこと、会社全体や業界全体のことを考えるために勉強しなければいけません。本も読まなければいけませんし、新聞も読まなければいけませんし、ニュースも観《み》なければいけません。そのため、経営者はそういう勉強で忙《いそが》しいのです。

しかし、逆にまた、細部にもこだわらなければいけないところがあります。大局観だけでも駄目《だめ》ですが、小さなところばかりにこだわっていても駄目です。非常に小さなことばかりにこだわっている人は、大局が見えないことがあるので、それだけでは駄目なのです。両方が必要です。

「両方を行うには、どうすればよいのですか」という質問もあろうかと思いますが、結局、そこが経営の舵取《かじと》りなのです。

このように、大局観と、小事をおろそかにしない態度が大事です。

3 夢を描《えが》いたら、それをキャッシュのかたちで現実化する

あなたはロマンを語ることができるか

経営者というものは、やはりロマンチストでなければ駄目なのです。他の人に語って聞かせることができるような何らかのロマン、理想、夢、こういうものを持っていない人は経営者には向かないのです。

もちろん、これに関しては、すぐ、「現実を知らなければ経営はできない」という反論があるでしょう。そのとおりです。現実処理の能力は極《きわ》めて高くなければなりません。

しかしながら、現実を処理する能力のみでは、経営者として、その本業を全《まっと》うすることは極めて困難なのです。なぜなら、経営者は多くの人々の未来を預

かっているからです。

何人、何十人、何百人、あるいは、それ以上の人々が、経営者のアイデアや方針、将来性に自分の人生をかけて、その会社の事業に参画してくるのです。

そのため、その人たちに対して、未来への導きが必要です。

まるで「出《しゅつ》エジプト」のモーセのようですが、「こちらのほうに進もう。みんなでカナンの地を目指そう」という方向づけと、たぐいまれなる指導力が必要とされているのです。

したがって、まず、あなた自身が、「自分は、夢や理想、ロマンを語る能力を持っているか。静かに心の内を見つめたならば、やるべきことがビジュアライズ(視覚化)されて、ありありと見え、人から命令されたり指示されたりしなくとも、やる気がふつふつと込み上げてくるタイプか」ということを、よく自問自答してください。

自分なりの未来図を描《えが》き、夢を語ることができる人、そして、人から命令されなくとも、自家発電的にやる気が出る人、そういう人でなければ、経営者には向きません。その能力がなく、「実務処理のみ、できる」ということであれば、優秀《ゆうしゅう》な会社幹部として働くことも可能なので、「ビジョンを持った人についていき、その人を支える」という仕事に就《つ》くとよいでしょう。

どれほど小さな会社であろうとも、経営者は一国一城の主《あるじ》です。必ず、夢を持ち、「夢を実現しよう」という志を持ってください。

夢を実現するための能力とは

その際、同時に、「その夢は現実に下支えされなければならないのだ」ということを、強く強く心に刻んでください。

その現実とは、お金のことです。金銭感覚や財務的なものの考え方に支えられなければ、経営を実践《じっせん》していくことはできません。

事業を維持《いじ》するには巨額の資金が必要になります。それは人一人で稼《かせ》げる金額ではありません。「工場や事務所を持ち、大勢の人を雇《やと》い、給料を払《はら》わなければならない」となると、多くの収入と支出を必ず伴《ともな》います。

そういうキャッシュフロー（現金の流れ）的なものの考え方が、きちんとできなければ、その夢の実現はできません。

夢を描くと同時に、夢をキャッシュのかたちできちんと現実化することができる能力、いわば、「事業計画を金銭的な面からも立ち上げて、それを、自分でやってのけるか、あるいは、他の人を使って、やってのけさせる」という能力が必要なのです。

第3章　リスクを恐《おそ》れない決断力
――「思慮深《しりょぶか》さ」が「優柔不断《ゆうじゅうふだん》」にならないために

1　「宋襄《そうじょう》の仁《じん》」に見る、自滅型《じめつがた》リーダーの特徴《とくちょう》

「宋《そう》」と「楚《そ》」の戦い

いまから二千六百年ぐらい前（孔子《こうし》の時代よりも少し前で、釈尊《しゃくそん》の時代とも重なっているかと思います）、中国の春秋《しゅんじゅう》時代の話です。そのころ、いろいろな国が割拠《かっきょ》して覇《は》を競《きそ》っていたのですが、そのなかに宋《そう》という国があり、そこ

に、君主と言ってもよいけれども、襄公《じょうこう》という方がいました。宋公《そうこう》、あるいは宋襄《そうじょう》ともいいます。

そして、いわゆる「宋襄の仁《じん》」ということが、「義」の部分と「仁」の部分との判断が非常に分かれるテーマなのです。

その宋の襄公は、突如《とつじょ》、天下の覇者《はしゃ》への夢を抱《いだ》きます。その結果、ある程度の成果を収めるのですが、隣《となり》の楚国《そこく》と戦っているとき、敵の大軍が川を渡《わた》って攻《せ》めてきました。相手の国は非常に大軍で、自国の軍のほうは少数です。

そこで、敵が川を渡っている途中《とちゅう》に、襄公に付いている軍師が、「川を渡っているいまを狙《ねら》いなさい。いま襲《おそ》わなければ駄目《だめ》です」と進言するのですが、襄公は聴《き》かないのです。「相手が川を渡り切っていないのを襲うというのは、仁義にもとることだから、できない」と言います。

やがて、相手の軍隊が川を渡り切ったので、「では、いま襲いなさい」と軍師が言うのですが、今度も首を縦に振《ふ》らないのです。「川は渡り切ったが、まだ陣形《じんけい》が整っていないではないか。陣形が整っていないのに戦いを挑《いど》むというのは、やはり礼儀《れいぎ》にもとる。武人として恥《は》ずかしい。相手の弱みに付け込《こ》んで戦うのを潔《いさぎよ》しとしない」と言って、まだ聴きません。

そして、いよいよ相手の陣形が整ってから戦いを挑んだら、さんざんに負け、味方は大勢死んでしまい、敗走します。襄公は、ほうほうの体《てい》で逃《に》げて帰るのですが、股《また》に傷を負い、そのあと、それがもとで死んでしまうのです。

襄公《じょうこう》には何が足りなかったのか

これが「宋襄の仁」とよく言われるのですが、これについて、後世、評価が分かれています。

儒教《じゅきょう》、要するに孔子の教えを引く人たちは、「これが仁者《じんしゃ》でなくて、いったい誰《だれ》が仁者であるか」という、プラスの評価をしているのです。ところが、軍事的な面を認める系統の人たち、つまり法家《ほうか》などの思想の人たちから見れば、「これは仁者でなくて愚者《ぐしゃ》である。味方をそれだけの危機に追いやり、自分自身も死ぬようなことをしていて、何が仁か」ということになります。

この襄公という方は、どちらかというと、宗教的な人だったのでしょう。宗教家になれば成功したのかもしれませんが、君主になったがゆえに、そういう悲劇を生んだのでしょう。

相手の数が少なければ、その考えも分かります。しかし、敵は大軍で味方が少数なのです。そのため、まともに戦ったら負けるのは決まっています。そういう軍隊しか持っていないのに、覇者への野望を持ち、さらに、そういう仁を発揮するというところに、知の足りなさを感じるのです。仁は仁なのですが、智慧《ちえ》が足りないのではないかと思います。

裏公には、確かに、思いやりもあるし、優《やさ》しさもあるし、後世、ほめられる部分もありますが、智慧が足りないがために、結局、自分も死んだし、味方も全滅《ぜんめつ》に近い状態になったわけです。この辺が非常に難しいところなのです。

極端《きょくたん》な理想主義者の弱み

みなさんは、「他人事《ひとごと》だ。二千六百年前のことだ」と思っているでしょうが、実を言うと、みなさんも、このようなことを毎日やっているのです。

たとえば、マイナスのことをあらかじめ言ってしまう人が大勢いるでしょう。こういう人が会社の営業部長などをすると、「うちは、来月、倒産《とうさん》しそうなのです。ひとつ、商売をよろしくお願いします」というようなことをペロッとしゃべってしまうため、向こうは逃げていくわけです。そのようなことになることがよくあります。

人柄《ひとがら》はよくても、宗教的人格のなかには、そういう弱いところがあるので、自分のなかに、もしそういうところがあったら、少し気をつけてください。自分一人ならまだよいのですが、場合によっては大勢に迷惑《めいわく》がかかることもあるので、他人にまで迷惑をかけるときには、少し考え直したほうがよいと思います。

こういう「宋襄の仁」のタイプの人は、現代的に現れたら、どのようになるかというと、一般的《いっぱんてき》に、「非武装中立論」などをよく言いたがる傾向《けいこう》の人たちになるでしょう。「たとえ敵が核兵器《かくへいき》を撃《う》ち込んできても、丸腰《まるごし》でじっと我慢《がまん》するのだ」というようなことを言うかもしれません。

そういうタイプの方は理想主義者なのですが、極端《きょくたん》すぎて、現実的な危機を、ほんとうは救ってくれないところがあるのです。

2 決断力を高め、成果を生むための二つの武器

富の総量が増える「知力ベース・マネジメント」

経営資源には、いろいろなものがあります。たとえば、鉄鉱石、石炭、石油、天然ガスなど、物としての経営資源は当然あります。

しかし、これから先、現代から未来社会において、最も豊富な経営資源は何かというと、それは知識です。これは間違《まちが》いありません。知識だけは、どんどん増えつづけています。知識は、新しい経営資源として無尽蔵《むじんぞう》のものなのです。

また、知識は拡大再生産の可能な資源であり、「新しい知識が新しい資源を生み、成果を生む。それからまた新しい知識が生まれてくる」ということがありうるのです。

現代のマネジメント理論によると、「上手なマネジメントをすることによって、富の総合計が増える」ということが分かっています。それは、ここ二百年ぐらいで発見されたことです。要するに、「一人ひとりがばらばらに働いていれば、その労働力の合計以上の生産物を期待することはできないが、みんなが智慧《ちえ》を集めて、よい仕事をすれば、一人ひとりがばらばらに働いて得られる以上の富を生み出すことができる」ということです。

これは近代産業社会の特徴《とくちょう》です。

たとえば、一人ひとりが鉄鉱石から鉄をつくろうとしても、それほどはできません。また、その鉄で物をつくるのも、なかなか大変です。しかし、資本金を元にして会社をつくり、大勢の人を雇《やと》い入れて、分業体制で行うならば、個人がばらばらに鉄製品をつくるよりも、遙《はる》かによい出来栄《できば》えのものが大量にできます。そして、それによって得られる収入は大きいのです。

こういうことによって、富の総量が増えるため、各人の経済的な潤《うるお》いもまた大きくなってきます。

その元になったものは何かというと、「工場を建てて、物をつくり、それを販売ルートに乗せ、国内で販売《はんばい》したり輸出したりする」ということであり、また、「原材料を外国から安く大量に輸入できるようになる」ということです。これらの元には、やはり、知的なものがあったと言えるでしょう。

また、知力ベースというものは、単に、いま持っている知識や、「いままで頭がよかった」ということだけで済むものではありません。経営資源としての知識というものは、未来に向けて無限大に広がっていくものなので、常に学習する態勢をとらないかぎり、きょうは優秀《ゆうしゅう》なものが一年後には優秀でなくなるのです。

それは、人においてもそうですし、組織においてもそうです。もっと新しいものが生まれてくるのです。

成果を最大化する「タイムベース・マネジメント」

時間は有限の資源です。誰《だれ》にとっても一日は二十四時間であり、組織で働いている人たちの時間を総計しても、人数分以上に増えるものではありません。しかし、発展性の高いものは、どれもみな、常に、「どのようにして時間を縮めるか」というところに視点があります。時間を縮めることによって発展するのです。

たとえば、新幹線ができたことによって、日本のＧＤＰ（国内総生産）がそうとう膨大《ぼうだい》なものになったのは事実です。それは、一日にできる仕事の範囲《はんい》が非常に広がったことを意味しています。東海道を寝台車《しんだいしゃ》で下らなければならなかった時代、あるいは、歩いていかなければならなかった時代に比べて、ＧＤ

Pが増大した理由は、移動の時間が縮まったことにあるのです。

また、季節商品というものがありますが、「夏のもの、夏の商品は、夏になったらつくる」ということだけならば、一年のうち、あとの季節は手が空《あ》いている状況《じょうきょう》になります。「一年のうち、夏にしか生産活動や販売活動を行わない」という考えもあるかと思いますが、夏のものであっても、冬のあいだにつくることのできるものもあります。

たとえば、「アイスクリームは夏につくるもの」と考えているかもしれませんが、冬につくって、それを保存しておいてもよいわけです。こういうこともありえます。

時間の観点で行うと、いろいろなことが変化してきます。

「どのようにして時間を縮めていくか。どのようにして仕事速度を速めていくか。成果を出すまでの時間を、どのようにして速くするか」ということは、主として、次の成果を生むためのプロセスになります。一つのことが解決しないと、なかなか次のことには取りかかれないものですが、時間の部分を縮めると、それだけ早く次の仕事に取りかかれるのです。

究極の「タイムベース・マネジメント」は、「一日の苦労は一日にて足れり」ということです。「一日一生」という言葉がありますが、「その日のうちにできることは、その日のうちに全部やってしまう」ということです。

これは大事なことであり、「時期が来なければ働かない」「ほかの事情があってできないので、きょうはしない」などということは、「タイムベース・マネジメント」から外れていることなのです。

「いかにして時間を縮めていくか。いかにして、やり方を短縮していくか」ということが大事です。時間を縮めることは、同時に、時間を生み出すことになります。たとえば、ある場所へ行くのに、新幹線なら三時間かかるけれども、飛行機なら一時間で着くとすれば、二時間分を余分に働けるようになるわけであり、その分の時間が生み出されたことになるのです。

どうやって意思決定の速度を上げるか

それから、この「タイムベース・マネジメント」は、「意思決定の速度を上げる」ということでもあります。

大きな組織になると、階層が増えるので、どうしても意思決定が遅《おそ》くなりますし、情報が届くのも遅くなります。これをどうやって崩《くず》し、短くするかということで、現代の企業《きぎょう》はみな苦労しているのです。それを短くするために、電話、ファックスなど、文明の利器をいろいろと使っているわけです。

昔に比べて、現代では、人生の長さは同じであっても、使える時間が増えています。無駄《むだ》なものを排除《はいじょ》し、〝アクセスタイム〟を短くすることによって、時間を生み出すことができるようになっているのです。

ベンチャー企業などの新しい企業をはじめとして、現在、急発展中の企業は、どこも、「タイムベース・マネジメント」を使っており、「どうやって速度を上げるか」ということを考えています。

昔は、「社長の決裁箱に決裁書類が三日分も一週間分もたまっている」などということがよくありました。そのあいだに社長が何をしているかというと、ゴルフに行っていたりしたのです。

しかし、いまは、「いかに決裁速度を上げるか」ということに取り組んでいるのが普通《ふつう》であり、さらには、「そもそも、決裁しなくてもよいようにする」という方向に時代は流れてきています。「判子を二十個も三十個も押《お》すようなやり方は、もう時代遅《おく》れである。なるべく現場に近いところに判断をさせる」という方向に流れは来ているのです。

3 優柔不断を克服《こくふく》するには

指導力のある人は決断が速い

指導力のありやなしやを測る基準の一つとして、決断力が挙げられると思います。優《すぐ》れた指導力を持っている人は、例外なく、決断において優れているのです。

決断すべきときに決断し、行動すべきときに行動することができない人は、人生の多くの宝を失っているように私は思います。なぜなら、あまりにも考え深すぎることで決断が遅れ、人生の成功を逃《のが》すこともあるからです。

この点において、「人々のリーダーになるべき人は決断が速い」ということが言えると思います。換言《かんげん》すれば、先見の明があるわけです。

そして、この決断力というものは、決して、「右か、左か」というような単純な決断力ではなく、時々刻々において、いろいろな環境《かんきょう》のなかにおいて、自分がどう進むかを瞬時《しゅんじ》に考え、間違っていることが判明したら即座《そくざ》に修正していく力であろうと思います。

したがって、決断力という言葉は、思慮深《しりょぶか》さということと、ある意味において一致《いっち》することがありうるのです。

ところが、思慮深いということが決断力と結びつかないで、優柔不断《ゆうじゅうふだん》と結びつくことがよくあるように思います。

決断力の源泉にあるものとは何か

真実の決断力とは、「難関、難局に際して、快刀乱麻《かいとうらんま》を断《た》つがごとき判断、大局的な判断をし、また、仕事の流れ、運命の流れにおける、小局的な判断については、時々刻々に変わる情勢を見ながら、そのつど自分の判断を修正していく」というものであろうと思います。

決断力に関しては、「偉大《いだい》な人物ほど、自分の非を認めるのに迅速《じんそく》である」ということが言えるでしょう。

「決断力に富む」という言葉は、「いったん自分が決定したことを決して翻《ひるがえ》さない」ということを意味しているのではありません。そういう頑固《がんこ》な人格を意味しているのではなくて、「いったん自分が決めたことは、あくまでも貫《つらぬ》こうとするが、その貫くときにおいて、『私利私欲はないか。我欲《がよく》はないか。これがほんとうに多くの人々を生かす道であるのか。これがほんとうに仏の心に合致《がっち》した行いであるのか』と、常に点検する」ということを意味しているのです。

したがって、決断力の源泉にあるものは多くの人々への愛です。そのためには、みずからにとって不利な決断もしなければいけないことがあります。それは、「間違った行動をしたと思ったとき、間違った判断をしたと思ったときには、それをさらりと認めてしまう」ということです。

みなさんも、自分のプライドにこだわって、自分の非、間違いを、なかなか認めたくないことがあるでしょう。また、どのような人であっても、ときには、口を滑《すべ》らせたり、間違ったことを言ったり、人を傷つけたりすることがあるでしょう。

そのときに、自分のプライドにとらわれ、そういう小さな自分を護《まも》ることに汲々《きゅうきゅう》としてはなりません。勇気を持って、より多くの人々のために自分の結論を変えていく姿勢が大事です。これがまた、次の決断力を生んでいく力となるのです。

大成するために必要な二つの視点

人生を渡っていくには、どのような困難をも跳《は》ね飛ばしていく、巖《いわお》のような強靭《きょうじん》な意志と、繊細《せんさい》に、細心に、いろいろなことを分析《ぶんせき》しながら、そのつど柔《じゅう》軟《なん》にみずからのあり方を変えていく心、この両方が必要なのです。

柔軟さを失った心であっては、成功することは、おぼつかないと思います。大成功者の多くは、「信念を貫いた」という面と、「物事に柔軟に対応した」という面の両方を兼《か》ね備えているように思います。

何十年という人生において大成していくためには、大局的観点から、決断力を持って大いに貫いていく部分と、小局的観点において、時々刻々に自分を変化させていく柔軟な心、その両者がどうしても必要なのです。

第4章 揺《ゆ》るがない不動心、不退転の意志
——あなたの真価が問われるとき

1 どれだけ多くの人の人生に責任を持てるか

自分の器《うつわ》の大きさをどう測るか

人間の器《うつわ》の大きさとは、責任をとれる範囲《はんい》のことでもあります。人間の大きさを測る基準は幾《いく》つもありますが、一つには「どれだけ責任をとれるか」ということなのです。

あなたが責任をとれる範囲が、あなたがどのような人間であるかを物語っています。自分はどれだけのことに責任を持っているか、あるいは責任をとれるかということが、自分の器を知る指標なのです。

つまり、「自分は、どのような人間か。どのような立場の、どのような器の人間か」を知りたければ、自分が責任をとれる範囲を考えればよいのです。

これは極《きわ》めて大事な考え方です。案外、責任がとれないものなのです。

責任をとるということは、自分の人生だけではなく、他の人の人生にも責任をとることを意味します。これはリーダーの資格そのものです。「どれだけ多くの人の生き方に責任を持てるか」ということが、リーダーとしての器を表すのです。無責任なリーダーの下にいる人は、たまったものではありません。

やがて愛に変わっていく

責任をとることに関しては、次のような考え方が大切です。

「自分の心で正直に見て、失敗だと思うことは、自分の責任を認めることによって、次なるステップがある。ところが、それを環境《かんきょう》や周りの人のせいにだけしていては、いつまでたっても向上はない。『自分に不利なことをも、あえて正直に認める』という性格が、大いなる独立の精神へと導いていくのである」

失敗したとき、人間は、ともすれば、「自分だけの責任ではない。いろいろなことが原因でこうなった」と思いたいものです。実際、そのとおりでもあります。原因を分析《ぶんせき》すれば、誰《だれ》か一人だけの責任ということはありえません。やはり周りの人の問題もあるでしょう。

そのため、「こうした環境や条件下でこうなった」と、自分を慰《なぐさ》めたい気持ち、自己を弁護したい気持ちが起きてきます。その気持ちは分からなくもありません。そう考えないと、非常に繊細《せんさい》になり、悩《なや》みに陥《おちい》ってしまい、再び立ち上がれないかもしれません。

ただ、傍目《はため》から見て、「この人は偉《えら》いな」と思うのは、その人の責任範囲を超《こ》えたところにまで、自分の責任を感じている人を見たときでしょう。そうした人を見ると、「なかなかの人物だな」という印象を受けます。

他の人の場合はそう思えても、自分の場合になると、なかなかそうはいかないものですが、ここはひとつ努力してみる必要があります。

確かに、「直接に手を下したかどうか」という一次的な責任は有限なので、自分が直接的な責任を負っているとは言えないかもしれません。しかし、二次責任、三次責任、すなわち、間接的な責任というものがあるのです。

たとえば、「うちの子が転んだのは、おたくのお子さんが悪かったからよ」と一生懸命《いっしょうけんめい》に考えたところで、器は大きくなりません。

しかし、「うちの子が転んでケガをしたのは、一緒《いっしょ》に遊んでいた友達の責任かもしれないが、危険な場所であることに気づかなかったのは、母親である自分の責任である」という考え方もあるわけです。

「これは自分が至らなかった。いつもと違《ちが》って、買い物の時間が非常に長くかかったので、こうなってしまった」などと考えれば、他の人を責める気持ちが起きてきません。「これは自分にも原因がある」と思ったときには、他の人を責める気持ちがなくなるのです。

そして、自分の責任の範囲を、心のなかで少しずつ広げていくことです。

そうするうちに、責任という言葉で語っているものが愛に変わっていきます。最初は責任と思っていたものが、やがて愛に変わっていくのです。必ずそうなります。

2　負けが込《こ》んできても動じないための大局観

「全体での勝敗」を見る大きな目の持ち方

人生において、単なる「勝ち負け」という考え方だけではなく、もう一段、踏《ふ》み込《こ》むと、「どうすれば負けにならないか」という考え方があります。

たとえば、「現在、敗色が濃《こ》い。失敗が続いている」というときに、「何を押《お》さえたら負けにならないか」ということを中心に考えてみるわけです。「『負けない』とは、どういうことなのか。『ほかのところで敗れても、これを押さえれば負けにならない』とは、どういうことなのか」という、守り型の考え方があるのです。

もう一つには、積極的な考え方として、「このポイントを押さえれば勝ちと言える」という考え方があります。「たとえ、ほかの小さな戦闘《せんとう》において幾つか敗れても、ここを押さえれば勝ちと言える。あとは無視してもかまわない」という見方があるのです。

こういう見方に少しこだわってみるやり方も、あるのではないでしょうか。普通《ふつう》は、どうしても、「全部、勝つか。それとも、全部、負けるか」という見方をすることが多いのですが、現実には、そうならないことのほうが多いのです。

「全部、勝つか。それとも、全部、負けるか」と考えるのではなく、「何かで負けることを織り込んででも、全体での勝ちを取る」と考える、そういう考え方があります。「このあたりを捨てても、全体で勝つ。それには、どうするか」という考え方です。逆に言えば、「ここは負けても、これを押さえれば、全体では負けにならない」という戦い方もあるわけです。

このように、「全体での勝敗とは、どういうものなのか」ということを、もう少し大きな目で見るやり方があるのです。

部下が安心してついていけるリーダーとは

大局観を持つことは実に難しいことです。しかし、人生において、大きな成功を収めたり、多くの人々を導くリーダーになったりしていくためには、どうしても、この大局観というものを磨《みが》かなければいけません。

部下から、「あれを失敗しました」「これを失敗しました」という報告をいくら聞いても、リーダーが、「大局において、これは、まだ負けになっていない」という気持ちを持っていると、部下も、あまり動揺《どうよう》しないのです。

リーダーが、「このあたりでは負けていても、全体では負けではない」と思い、「ここさえ押さえておけば大丈夫《だいじょうぶ》だ」というところを、がっちりと握《にぎ》っていれば、部下は動揺しません。

そうすると、一つひとつの勝ち負けに一喜《いっき》一憂《いちゆう》して大騒《おおさわ》ぎしている人たちも治まってきます。部下たちは、「勝ちなのか、負けなのか」ということが分からないので右往左往することが多いのです。

そういうときに、大局観を持って、「大局的な勝ち負けは何によって決まるか」ということを、じっと見つめている人がいると、小さなことで右往左往し一喜一憂している人たちも治まるわけです。

彼らは、むしろ安心してリーダーの判断を待つことになります。「リーダーが『負けではない』と言うなら負けではないし、『勝ちだ』と言うなら勝ちだろう」と考え、大きな勝ち負けの判断をリーダーに任せて、自分の仕事に専念できるようになるのです。

ところが、「局所的に勝ったり負けたりしたことが、全体では、どうなっているのか」ということは分からない場合が多いため、枝葉末節《しようまっせつ》のほうを中心に判断する人がリーダーになったときには、部下たちは、逆に、ちょっとした負けでも全体の負けのように感じて、一斉《いっせい》に逃《に》げ出してしまうこともあります。その辺が難しいところです。それは、たとえて言えば、水鳥の羽音を聞いて逃げ出す軍隊のようなものでしょう。

もちろん、誰しも恐怖心《きょうふしん》は強いので、負けの影《かげ》が少し見えると、すぐに逃げ出したくなるのは人の常です。そのときに、「リーダーが大局観を持っているかどうか」ということが大きいのです。

3 万策《ばんさく》尽《つ》きた勝海舟《かつかいしゅう》は、どうしたか

丸腰《まるごし》で相手の意表をつく

智慧《ちえ》というものは非常に大きな勝利を生むのですが、一つ付け加えておきたいことがあります。

それは、勝海舟《かつかいしゅう》の言葉でもありますが、「智慧は尽《つ》きることがある。そのときには度胸だ」ということです。

勝海舟は、人生において、勝負の局面に何度も出遭《であ》っています。そのつど、よい智慧が出ることもあれば、そうはいかないこともありました。いつも勝負に勝つ、あるいは勝つ側に残るというのは、なかなか智慧の要《い》ることですが、智慧が尽きてしまうことも当然あるのです。

策が尽きてしまい、方法がないときには、度胸で勝たなければいけません。戦《いくさ》というものには、最後は度胸の部分もあるのです。

海舟は、刺客《しかく》から命を狙《ねら》われたことが二十数回あったと言われています。あの時代に、絶対に命を落とさずに生き延びる方法があったかといえば、なかなかありませんでした。いつも暗殺部隊が動いているような時代であり、勝海舟を暗殺しようと狙っている者もうろうろしているような状況《じょうきょう》です。

個人が刺客に命を狙われている場合、警備をいくら厳重にしても、やられるときは、やられます。それは『忠臣蔵《ちゅうしんぐら》』の吉良上野介《きらこうずけのすけ》と同じで、備えを頑強《がんきょう》にして警備兵をいくら置いても、やられるときは、やられるのです。

そこで、海舟はどうしたかというと、丸腰《まるごし》で刺客に応対しているのです。「また来たか」と、海舟が丸腰で出てくるので、刺客のほうは、びっくりしてしまいます。丸腰で、赤いちゃんちゃんこなどを着て出てくるものだから、度肝《どぎも》を抜《ぬ》かれてしまうのです。

これも戦略といえば戦略でしょう。相手の意表をつくのです。好々爺然《こうこうやぜん》として丸腰で出てくるので、相手は斬《き》るに斬れません。「まあ、上がれや」と言って家のなかに上げ、地球儀《ちきゅうぎ》を見せて、滔々《とうとう》と国際情勢などを語ると、相手は毒気を抜かれてしまい、斬りに来たのに斬れずに帰ってしまうのです。坂本龍馬《さかもとりょうま》も、海舟を斬りに行って、逆に弟子になってしまった一人だと言われています。

徳川慶喜《とくがわよしのぶ》は、なぜ敗れたか

江戸《えど》幕府の最後の将軍である徳川慶喜《とくがわよしのぶ》という人は、名君であったのか否《いな》か、議論が分かれています。「家康《いえやす》以来の名君だった。家康の再来だった」というような声もありますが、私の感想としては、この人は最後の度胸がなかったのではないかと思います。少し知に傾《かたむ》きすぎたように感じます。

彼は、尊皇《そんのう》の気風の強い水戸学の洗礼を受けており、尊皇思想というものが頭に入っていたので、相手に錦《にしき》の御旗《みはた》を立てられたら勝てなかったのです。非常な秀才《しゅうさい》で、尊皇思想を深く勉強し、それが頭のなかに入り込んでしまっていたので、相手が官軍になったら、それだけで敗れてしまったところがあるわけです。

結果としては、敗れてよかったのかもしれません。ただ、「ほかの方法もあっただろう」というようにも見えなくはありません。少なくとも戦力的には幕府軍のほうが有利だったので、指導者が優秀《ゆうしゅう》であれば、負けない戦い方は幾らでもあったでしょう。結局、度胸がなかったのです。

「策士、策におぼれる」の言葉どおり、知者は知におぼれ、知の限界で敗れることがあります。できるかぎり智慧を巡《めぐ》らせたら、あとは、やはり体力や気力です。智慧は体力の百倍も千倍も一万倍もの力を生むことがありますが、智慧も尽きることがあります。海舟の言葉のとおり、そのときは度胸です。最後は度胸で割り切らなければいけないのです。

間違《まちが》った決断をしたら、どうするか

個人の人間関係においても、また、企業《きぎょう》の投資や新しい戦略、海外進出等においても、生きるか死ぬかの大決断をするときがいろいろあるでしょう。未知のこと、これからやろうとすることについては、いくら調べても結論が出ないことがあります。材料を集め、考えに考えて、それでも結論が出ないことがあります。そのときに、結論が出ないままでいたのでは駄目《だめ》なのです。たとえ間違《まちが》ったとしても、決断をしなければいけないことがあるのです。特に企業のトップはそうです。

最後は度胸です。もし間違っても、それがはっきり分かった段階で、軌道《きどう》修正は可能なのです。何も行動を起こさなければ、間違ったことすら分かりません。先延ばしにして、じっとしていただけでは分からないのです。

「間違った」ということが分かれば、その時点で結論ははっきりしています。間違った判断をしたならば、撤退《てったい》作戦なり、ほかの方法なり、新たな作戦を考えなければいけないのです。

智慧は尽きることがあるので、最後は度胸が必要です。

第5章 公平無私と与《あた》える愛
――にじみ出る「人徳」こそ、信頼《しんらい》の源泉

1 欠点の反省なくして発展はできない

潰《つぶ》れる人、潰れる企業《きぎょう》の特徴《とくちょう》

経営をしていると、失敗はたくさんあるでしょう。それらの失敗を、一個一個、反省しなければ駄目《だめ》です。

経営者であろうと、そうでない人であろうと同じなのですが、駄目な人は、

すべて人のせいにします。「政府が悪い」「この業界が悪い」「外国の、どこそこが悪い」「新しくライバルとして出た、ここが悪い」などと、すべて人のせいにするのです。

個人でも、こういう人は潰《つぶ》れるのですが、企業《きぎょう》としても潰れます。潰れるところは、人のせいにしたり、環境《かんきょう》のせいにしたりします。デフレになったらデフレのせいにし、インフレになったらインフレのせいにし、インフレもデフレも起きない横這《よこば》いの状態だったら、そのせいにし、自分の責任など何もないことにするのです。

しかし、同じような状況《じょうきょう》にあっても、あるところは繁栄《はんえい》し、別なところは衰《すい》退《たい》しているのですから、何か理由があるはずです。

したがって、反省がない企業には発展の可能性はないのです。

不況《ふきょう》でも伸《の》びる会社はある

どの会社にも欠点は絶対にあります。欠点のない企業などありません。その欠点を埋《う》め合わせる長所の部分があるから、もっているのです。欠点と長所が〝トントン〟であるか、あるいは長所のほうが多いから、もっているわけです。しかし、もう一段、伸《の》びていきたければ、やはり、欠点を反省しなければいけません。

「自社の欠点は何であるか」ということを、自分の目で観《み》ます。それから、自分のところの社員が、智慧《ちえ》を尽《つ》くして観ます。さらに、お客さんの目でもって観ます。「お客さんは、どう判定しているのか」ということを観るのです。

自分のところのものが売れなくなったとき、「デフレで、お客さんの収入が減ったからだろう」と思うかもしれません。ただ、同業者も全国一律に売り上げが減っているかといえば、そんなことはないでしょう。

収入が減っても、人々は、必要なものを買いつづけます。買わないわけはありません。家だって必要ですし、食べ物だって必要ですし、着る物だって必要です。必要なものは買いつづけるのです。

しかし、収入が減れば、人々は、選別する目を厳しくします。そのため、よくないものや値打ちのないものは買うのをやめます。値打ちのあるものを売っているところへ買いに行き、少しでも得なものを買います。それだけのことです。人のせいにするのであれば、同業種が全部潰れてからにするべきなのです。

ある店が潰れたとして、それを「不況《ふきょう》のせいだ」と言えるかというと、そんなことはありません。伸びている店もあります。あるスーパーが潰れたとします。「不況のせいだ」と言うかもしれませんが、そうではありません。よそがしっかりと伸びているから潰れているのです。

これを知ることは厳しいことです。いままで、自分の会社を愛していたし、うぬぼれていたし、天狗《てんぐ》になっていたでしょう。それで経営者は気分がよかったはずです。そのため、自分のところについて、「悪い」「欠点がある」「失敗した」などということを認めるのは辛《つら》いことです。

しかし、それをしないかぎり、生きていくことはできません。座して死を待つのみです。

したがって、反省の教えというものは、特に経営においても非常に大事なのです。

アサヒビールの巻き返しの〝ミソ〟

反省は自分でやるしかありません。よその会社は、親切に言ってはくれないのです。

よその会社が、ライバル関係にある相手に対して、「おたくは、ここが悪いから駄目なのです」と言うと思いますか。言ったら相手が立ち直ってしまうので、言いません。相手の会社が静かに死んでいってくれるのをじっと待ち、喜んでいるのです。「あと三年で、あそこは潰れる。潰れたら、あそこの客を取れるな」などと思い、黙《だま》って見ています。

相手の会社の経営が改善するような方向の話など、絶対に言いません。それを言う人は、お人好《ひとよ》しです。言ったら負けるのです。お人好しは、やられるわけです。

アサヒビールという会社があります。凋落《ちょうらく》していたのに、アサヒスーパードライというビールを出して巻き返し、キリンビールを追い詰《つ》め、苦しめるようになり、ビール業界のトップ争いをしています。

これも有名になった話ですが、その当時、アサヒビールの社長になった人は、ビール会社の人ではなく、銀行員でした。銀行の副頭取がアサヒビールに社長として行ったのです。

その人は、「ビールのことは全然分からない」ということで、各ビール会社を回り、頭を下げ、腰《こし》を低くして、「教えてください」と言いました。「なるほど、そういうことですか。そうしたら売れるのですか」「うちのどこが悪いのですか。なるほど、そうですか」と、聴《き》いて回ったのです。

その結果、アサヒビールの社長は、「うちの会社は、古くなったビールを回収しないで放っておくらしい」ということを知りました。ビールは、できてから時間がたつにつれて味が落ちてくるので、古くなると味が悪くなります。そこで、社長は、古くなったビールを、全部、回収して捨てさせました。

それから、同じ業界の人などに訊《き》いたりして、どういうビールが求められているのかを研究しました。

そして、自分たちなりに独自に考え、スーパードライなどを売り出しました。

そうすると、なんと、アドバイスをした会社のほうが、やられてしまったのです。

これは怖《こわ》いことです。こういうことがあるため、同業者は、こちらのほうがよくなるような話は、めったに教えてくれるものではないのです。たいていは、こちらが潰れるのを待っているだけで、何も言ってくれません。

しかし、そのように腰を低くして行ったら、教えてくれることもあるのです。

この辺は〝ミソ〟の一つです。

2　時代を超《こ》えて尊敬されるリンカンの人徳

なぜリンカンはアメリカを一つにできたのか

リンカンが大統領になったのは、ちょうど、「国が二つに分かれるか否《いな》か」という南北戦争の前でした。このときに、リンカンが、「アメリカは二つに分かれてはいけない」という強固な意志を持っていたからこそ、いまのアメリカ合衆国があるのです。それゆえにリンカンは尊敬されているわけです。

もちろん、南部のほうにも言い分はありました。当時のアメリカは、南部で大規模農場をずいぶん経営していたため、安い人件費で働いてくれる人が必要だったのです。そのため、アフリカから大勢の奴隷《どれい》を連れてきて、家畜扱《かちくあつか》いで綿花栽培《さいばい》などの仕事をさせていたのです。奴隷は、南部の人たちにとっては財産の一つだったわけです。

したがって、「奴隷を解放せよ」という主張は、南部の人たちから見れば財産権の侵害《しんがい》であり、絶対に受け入れられないことであったのです。

奴隷を他の人と同じように扱うことになれば、奴隷にも同じだけの給料を払《はら》わなければいけなくなるので、たちまち生産性が低下し、農場経営が成り立たなくなってしまいます。

北部のほうには奴隷があまりいなかったため、北部では、どちらかというと、奴隷制に反対する人が多かったのですが、南部のほうは徹底《てってい》して奴隷制支持でした。要するに、南部の人たちにとっては、「財産を護《まも》る」という意味での戦いだったのです。

そして、「二つのアメリカは許さない」ということで南北戦争になり、結局、北軍が勝ってアメリカは一つになったわけですが、そのときの大統領がリンカンだったのです。

リンカンの思想を見てみると、彼《かれ》は、「誰《だれ》に対しても悪意を抱《いだ》かず」ということをモットーとしていました。このような人が南北戦争の指揮者であったことは、不思議としか言いようがありません。

リンカンは、勇壮無比《ゆうそうむひ》、勇猛《ゆうもう》無比の人ではありませんでした。織田信長《おだのぶなが》のように、非常に決断力に富んだ、戦いの強い人だったように思われるかもしれませんが、そういう人ではなかったのです。

トップの孤独《こどく》と祈《いの》り

リンカンについては次のような逸話《いつわ》もあります。

ホワイトハウスにリンカンの友人が泊《と》まっていたとき、その人が夜中にトイレか何かの用で廊下《ろうか》へ出ると、低い唸《うな》り声のようなものが聞こえてきたのです。

「いったい何だろうか」と思って廊下を歩いていくと、ある部屋のドアが少し開《あ》いていて、そこから明かりが漏《も》れていました。

その部屋のなかを覗《のぞ》いてみると、奥《おく》のほうで、四つん這《ば》いになり、床《ゆか》のじゅうたんに爪《つめ》を立て、脂汗《あぶらあせ》を流し、涙《なみだ》を流しながら、低い声で神に祈《いの》っている人がいました。「誰だろう」と思ったら、それがリンカン大統領だったわけです。

リンカンは、「私の考えは間違《まちが》っていないでしょうか。私を正しく導いてください。同胞《どうほう》たちを苦しめないでください」というようなことを、一生懸命《いっしょうけんめい》に祈っていたのです。

戦いによって血が流れ、南の人も北の人もたくさん死んでいます。それゆえ、「これが正しい戦いであるかどうか」と悩《なや》むのは、国のトップとしては当然のことです。ちょうど、「ベトナム戦争は正しかったかどうか」ということと同じような問題でしょう。「正義の戦いであるかどうか」ということは、なかなか分からないのです。

これはトップの孤独《こどく》です。上が「こうする」と決めたら、下はそれに従うだけなので、トップには、「これは、ほんとうに神の意に適《かな》っていることなのかどうか。間違っていないのかどうか」という悩みが尽《つ》きません。

リンカンの場合も、「自分としては、奴隷制には反対であるし、南北の二つのアメリカを認めるべきではなく、一つのアメリカであるべきだと思うけれども、それが真に神の意に添《そ》ったものなのかどうか」ということで、毎夜、ものすごい苦しみがあったわけです。

それで、「夜、じゅうたんに爪を立てて祈っていた」ということが、記録として遺《のこ》っています。いまでも、バチカンでローマ法王がお祈りをしたりしますが、そのようにして夜な夜な祈っていたというのですから、まるで宗教家です。

リンカンは、そういう人だったのです。

リンカンの祈る姿を見たのは、ごく一部の人でしょうが、リンカンは、そのような人であったからこそ、人徳がにじみ出してきたのでしょう。こういう人の下《もと》で、アメリカは分裂《ぶんれつ》の危機を回避《かいひ》して一つになり、奴隷制を廃止《はいし》して平等な社会になったわけです。

上に立つ人というのは大変です。能力だけで、すべてを解決できるものではなく、最後は、仏や神と同通《どうつう》しなければ、国難を乗り切ったり、人類を正しく指導したりすることはできないのです。そういう謙虚《けんきょ》な心が非常に大事です。

こうした偉人《いじん》たちの例を参考にして、「与《あた》える愛、無償《むしょう》の愛とは何か」ということを考えてみてほしいのです。

「人から称賛《しょうさん》を得よう」とか、「自分が何かを手に入れよう」とか、そういうことを考えていない人たちが、世の中には、いるのであり、そうした人たちが時代を超《こ》えて世の中を照らしているのです。

3 徳の総量は愛の段階に比例する

心の世界を知らずして、リーダーとなることなかれ

いま、日本は、国の隅《すみ》から隅まで株式会社で満ちています。そして、それは、それなりに繁栄の姿を表しているように思います。

しかしながら、この株式会社という制度は、現代の社会に非常に適合しやすい制度ではありますが、「心」がありません。これが最大の欠点です。

「心がない」と言いましたが、そうした企業体に、はたして「心」というものがありうるかどうか、それを疑問視する方もいるでしょう。「心」という言葉が分かりにくいならば、「精神」と言っても、「マインド」と言ってもよいでしょう。すなわち中身です。

それぞれの企業の定款《ていかん》には、「こういう事業をする」ということが書いてあります。そして、その目的は「利益の追求」ということになっているかもしれません。利益の追求は結構ですが、それは何のためにするのでしょうか。その利益追求をする人々の心のなかに去来しているものは何なのでしょうか。その会社として、いったい何を目的とし、求めているかを、問うたことがあるのでしょうか。

「会社には事業目的があり、それは利益の追求である」、そういった入社ガイダンスが新入社員に対してはあるかもしれません。それはそれで結構です。ただ、そうした利潤《りじゅん》、利益と言われるものは、本来、価値中立的なものであることを知らねばなりません。それそのものは善でも悪でもありません。それを使う人の心、動機、そして、その結果において、善悪は決まるものなのです。それを知らずに、お金だけをいくら貯《た》めたところで、何にもならないのです。

特に大事なのは、会社を率いる人、リーダーの心構えです。これからのリーダーは、心というものや心の世界を知らずして、リーダーたることは許されません。「いまだかつて心の修行《しゅぎょう》なるものをしたことがない者は、ただちに管理職から退け」、そう私は言いたいのです。

管理職に必要なのは技能だけではありません。もちろん、「仕事ができる」ということ自体も、他の人への愛であることもあるでしょう。多くの共同体への奉仕《ほうし》になることもあるでしょう。しかし、その多くは、みずからが報酬《ほうしゅう》や成果、評価を得るためにしてきたことであり、動機において、みずからを利する方向に傾《かたむ》いているならば、やはり、心は不在であると言わざるをえないのです。

「徳」とは何か

経営者たる者の器《うつわ》、リーダーたる者の器、その器をつくっていくための資格条件として、「徳」という言葉が使われます。この徳という言葉は、いまでは古い言葉にもなりました。現代的には、なかなか理解されなくなっています。

しかし、徳なるものは必ずあるのです。それを説明するならば、自分が生きてきた時間のなかで、自分のことより他の人の幸福のことを考えた時間のほうが遥《はる》かに多い人のことを、「徳ある人」と言うのです。

ところで、一人ひとり、自分の心の内を眺《なが》めてみてください。

みなさんが、過去数十年、考えてきたことは何ですか。その多くは、自分自身のことばかりであったのではないですか。あるいは、一日、二十四時間のうち、起きている約十六時間のなかで、考えている内容は、いったい何ですか。その内容は、ほとんど自分自身のことではないですか。自分自身のことを悩むことをもって、よしとしているのではないですか。

たまに他の人のことを考える場合があったとしても、その内容は、他の人の悪口や愚痴《ぐち》、批判、非難、こんなことばかりではないですか。他の人や環境への不平や不満、こんなものばかりで、いっぱいになっていませんか。こういう人を「徳がない」と言うのです。

徳とは、確かに、つかみ出し、見せることのできるものではありませんが、「いかに多くの時間、みずからの利益にかかわりなく、みずからの名誉心《めいよしん》にかかわりなく、みずからの保身にかかわりなく、他の人々への愛の思いを抱《いだ》いたか。他の人々を幸福にしようとする思いで、その時間を埋《う》めていったか」、この総量が徳となって表れてきます。

愛の発展に伴《ともな》い、徳も大きくなる

私は、以前、「漏《も》れ出《い》ずる悟《さと》りの光」ということを述べました。同じように、この徳の力は、この三次元世界にあっては、肉体によって蓋《ふた》をされ、見ることのできないものではありますが、確かに、そこから漏れてくるものなのです。それは、漏れてくる光なのです。ちょうど蚕《かいこ》の繭《まゆ》のなかから光が漏れてくるようなものです。これを徳といいます。

「徳ある人」と言われるためには、まず、「他の人々に愛を与える」という気持ちが大事なのです。「ギブ・アンド・テイク」ではなく、「愛を与える」という気持ちが大事なのです。これを「愛する愛」と呼びます。

また、「愛を与えていくなかで、才能を持っている人たちは、より多くの技能を磨《みが》き、『生かす愛』というものを実践《じっせん》することができる」と私は説いています。「生かす愛」とは、指導者の愛、他の人を教え導く愛です。この愛の段階は、やはり、単に人に愛を与える段階よりは上にあります。この段階にある人は、この世的なる指導者にも数多くいます。

この「生かす愛」より難しい愛の段階として、「許す愛」があります。

「生かす愛」を実践できる人は優《すぐ》れたる人です。優れたる人は他人の長所も欠点もよく見えます。この上下の感覚が非常に明確になってくるために、人の粗《あら》がよく見えてくるようになります。

経営者のほとんどが行き詰まるのは、この部分です。「生かす愛」の段階において、他人の粗が見えすぎ、部下の粗が見えすぎ、失敗、欠点、こういうものが見えすぎるわけです。そして、ともすれば、『君主論』を説いたマキャベリのように、単に会社という組織体を護《まも》るために、人を物のように、機械のように扱いはじめるのです。そのような冷たい心になっていきます。

この境涯《きょうがい》を乗り越《こ》えるために必要なものは、他の人々への「許す愛」です。「許す愛」とは、優《やさ》しい愛です。優しい気持ちです。共に仏によって創《つく》られたる者として生かされている者の罪、過《あやま》ち、欠点を許し、包み込《こ》んでいこうとする愛です。これは宗教的境地にまで高まった愛と言ってよいでしょう。

この上に、さらなる指導者の愛として、さらに大きな偉人の愛として、「存在の愛」というものがあります。時代精神的なる愛です。その人がその時代に生きていることが人類への福音《ふくいん》となるような人、こういう時代精神となるべき人は、いつの時代にも、どの地域にも、必ずいます。

この愛の発展段階は、徳が大きくなっていく段階と同じです。

ただ、あえて言うならば、愛とは、あくまでも行動のなかに表れてきます。活動のなかに表れてきます。愛とは人と人とのあいだに生まれてきます。思いと結果のあいだに、目に見える行動、活動として出るもの、その作用を、私たちは愛と呼んでいますが、徳なるものは、こうした作用や活動、行動ではなく、存在そのもののほうに重点を置いたものの見方です。

徳とは、心のなかに蓄《たくわ》えられた叡智《えいち》でもありましょう。愛というものが珠玉《しゅぎょく》のものとなって固まり、結晶《けっしょう》していったときに、それが徳となるのです。

リーダーに贈《おく》る言葉①

必勝の戦略

必ず勝つという方法はあるのか。
これを、古来、多くの人々が求めつづけてきた。
しかし、確かに必勝の戦略はある。
それは、あなたがたの心のなかに確かにあるのだ。
まず知恵《ちえ》を持て。
次に愛を持て。
さらに勇気を持て。

智《ち》・仁《じん》・勇――それは徳の発生の理由でもあるが、
また必勝の戦略でもあるのだ。
知恵を磨《みが》き、
愛を豊かにし、
勇気を強くすることだ。
さすれば、必ず道は拓《ひら》ける。

第Ⅱ部

リーダーシップの不足を招く

Winning Strategies for Leaders

盲《もう》点《てん》

——基《き》礎《そ》力《りょく》を磨《みが》きつづけているか

第6章　基礎《きそ》をつくり、強みにフォーカスする

1　基礎は、「一度つくったら終わり」ではない

判断と行動が重厚《じゅうこう》な人は、どこが違《ちが》うのか

人生の基礎《きそ》ということを考えてみましょう。

物事は何でも、結局のところ、基礎ができているかどうかが肝要《かんよう》です。これは、個人についても、会社などの組織についても言えることです。基礎がなければ、個人も会社も弱いものです。仕事でも同じです。人生には基礎というも

のが大事なのです。

たとえば、学校教育は何のためにあるのかといえば、結局、人生の基礎をつくるためだと思います。

学校教育について否定的な人々は、「ああいうことは無駄《むだ》である。好きなことを好きなだけ勉強させればよいのだ」というような論調の話をよくします。しかし、「いろいろな学問をすることが、人生の基礎をつくる上で役に立っている」という点は否《いな》めないでしょう。

人間は、いろいろな物事に対して判断したり行動したりしますが、その根底には、判断や行動の材料、原動力、基《もとい》となるものが必要です。その意味では、何らかの蓄積《ちくせき》がなければ、人間は判断や行動ができないのです。

このように、人生においては、基礎というものが何にもまして大事です。基礎の部分が厚ければ厚いほど、あるいは重ければ重いほど、その人の判断と行動に重厚《じゅうこう》さが増してくるのです。

人生の基礎をつくりつづけているか

みなさんは、ときおり、現在の自分のあり方を振《ふ》り返って、「自分は、日々、人生の基礎をつくる努力をしているか」ということを考えなければなりません。基礎の部分が不充分《ふじゅうぶん》だと、いろいろなところで、ぎくしゃくした現象が現れてくることが多いのです。

基礎づくりは、子供の時代にだけすればよいのではありません。成人してからも、うまずたゆまず基礎の部分をつくっていくことが大事です。

人間はともすれば発散のほうに重点を置きがちです。しかし、吸収を忘れた発散は、やがて疲労《ひろう》を招くことになります。

これは仕事をしている人にも言えます。たとえば薬剤師《やくざいし》ならば、新しい薬についての知識を絶えず吸収している人と、大学卒業後、新しい知識をほとんど得ていない人とでは、大きな差があるでしょう。

サラリーマンの場合でも、与《あた》えられた仕事をただやっているだけの人と、新しい経済情報を常に入手し、勉強しつづけている人とでは、やがて雲泥《うんでい》の差がつくでしょう。

技術者などでは、それが特に顕著《けんちょ》だと思います。毎日、実験を積み重ねていくなかに、常に向上を目指している姿勢があれば、やがて素晴《すば》らしい技術を開発することができるでしょう。

したがって、「いったん基礎をつくれば、それで終わり」と考えるのではなく、「日々に人生の基礎をつくっていく」という姿勢が大切です。現時点ではすぐに生きてこなくても、三年後、五年後、十年後に生きてくるような基礎づくりが、何にもまして大事なのです。

2 「這《は》いずってでも勉強する」という気概《きがい》があるか

「いまのままの自分」でよいのか

私が、まだ駆《か》け出《だ》しのサラリーマンだったころのことです。その当時、私は朝の五時四十五分ぐらいに起きていました。

尾籠《びろう》な話でたいへん申《もう》し訳《わけ》ないのですが、まだ朝日が出ていないときに、スマイルズの『西国立志編《さいごくりっしへん》』という本を、毎朝トイレのなかに持ち込《こ》んで、十ページずつ読んでいたのです。外はまだ真っ暗なのですが、毎朝、起きてすぐ、蛍《けい》光灯《こうとう》の白々とした光のなかで、「世の中の役に立つ人間になりたい」と思いながら、『西国立志編』を読んでいました。

そして、「イギリスがあのように繁栄《はんえい》したのは、このような自助努力の人が、たくさん出てきて頑張《がんば》ったからなのだ。自分だって、頑張っていれば、やがて、そのようになれるかもしれないな」と思って頑張っていたら、十年ぐらいすると、そのようになってきました。

いまのままでよいのかどうかを自分に問いかけて、よくないと思うなら、「頑張らなければ」と考えることです。

みなさんの多くは、必ずしも、ずば抜《ぬ》けた才能をお持ちではないだろうと思うのです。そうであるならば、秘訣《ひけつ》の一つは、この朝の時間もそうですが、やはり、無駄なことはしないで、自分が使える可能なかぎりの時間を、いちばん大事なことに投入することです。これが、いちばん成功の可能性が高いのです。

無駄なことについては、もう諦《あきら》めることです。いろいろと義理もあるでしょうし、「しておいたほうがよい」と思うこともあるでしょうが、「自分の限られた才能を見たときに、世間並みの生き方をしていて頭角を現すことは、まずありえない」ということを早めに知ることです。

これを早めに知った人は得です。知らなかった人は、定年退職のころに後悔《こうかい》しはじめるようになるので、早めに知ることが大事なのです。

自分の才能がそれほどのものではないとき、その少ない才能で、世の中で何らかの仕事をしたいと思うならば、無駄なことはやめて、あるだけの時間を、いちばん大事なことに投入していくのです。

どこまでも本業で勝負せよ

サラリーマンをしていると、夜、付き合いから抜けられないで、毎晩のように酒を飲まされていたりすると思います。飲まされているうちに、自分が地獄《じごく》の餓鬼《がき》のようになり、逆に人を誘《さそ》い込んでは、「おまえ、抜けるのか。抜けさせんぞ」などと言っている方も多いのではないでしょうか。

結局、そういうしがらみのようなもので自縄自縛《じじょうじばく》になり、抜けられないでいるので、「責任は自分にある」と言わざるをえないのです。

そういう人は、夜の付き合いをしないと出世できないと思っているのでしょう。しかし、そう思っている人は、よほど仕事ができないのです。本業のほうで自信がないから、〝サイドワーク〟に励《はげ》むのです。やはり、本業は昼間の八時間なのですから、根本に戻し、そこで勝負していくべきです。その人が、会社に対して、有益な人間、有用な人間だったら、誰《だれ》も、その人を爪弾《つまはじ》きにはできません。本業の仕事をきちんとしていたならば、「夜、酒を飲まない」というだけの理由で、その人に対して左遷《させん》や降格などできるものではないのです。

また、そういう会社でないならば、その会社は潰《つぶ》れていく会社だろうと思いますから、そこからスピンアウトする、早めに飛び出すことは、よいことです。

どうか、他人のせいにしないで、すべてを自分の責任と捉《とら》えていってください。

どうやって時間を生み出すか

それから、「土日を生かす」ということも大切です。土日のうち、一日を活動に、一日を充電《じゅうでん》に使うことです。これは基本原則です。

私は、このように本を書き、説法もしていますが、これができるようになるまでに、自分でどの程度の時間を使ったかと考えてみました。私の場合、いろいろと書籍《しょせき》を読んだりする勉強に費やした時間は、おそらく万の単位だろうと思うのです。数千時間では済まず、万の単位の時間をつくり出したはずです。その時間を、どこかから捻出《ねんしゅつ》したと推定しています。

時間というものは、一日に二十四時間しかないので、やはり、自分でつくり出すものなのです。つくり出さなければ、それは自分の責任なのです。つくり出さない人は、「時間がない」という言《い》い訳《わけ》に甘《あま》んじているだけです。したがって、徹底《てってい》して、やることです。

たとえば、書物などは、平日の通勤時間でも、二時間あれば、かなりのものが読めます。読むのが速い人であれば、一回の行き帰りだけで一冊読んでしまうでしょうし、そうできなくとも、平日の五日間で一冊読み終える人もいるでしょう。あるいは、土日の片方をあてるとしたら、そうとう読めるはずです。

私は商社にいて非常に時間が限られていたので、土日のどちらか一日は、ほんとうに、絶対に誰にも邪魔《じゃま》をさせないと決めていました。「片方の日は、やむをえなければ、お付き合いをするけれども、あとの一日だけは、どんなことがあっても、絶対に誰にも侵《おか》させない」ということを守っていました。どんなに「悪いやつだ」と言われようが、これだけは守っていました。

平日にあまり本が読めなかった場合などには、「たとえ、この目が潰れようとも」という感じで、土曜日の一日だけで六冊ぐらいの本は読んでいました（今は、一日二十冊ぐらい読む日もある）。六冊ぐらい読むと、さすがに目が痛くなってきますが、「いや、今週は、これだけ読む必要があるのだから、どんなことがあっても読む」という思いでした。

本屋へ行けば、必ず二十冊ないし三十冊ぐらいの本は買ってきました。それを机の上に一列に積み上げるのです。そうすると、読まないことには、なくならないので、次から次へと読んでいくことを義務にしておくわけです。

そのため、読めない日が続くと、どこかでまとめてでも読まなければ、しかたがないのです。「這《は》いずってでも読む。勉強する」という気持ちでやっていました。その結果、現在の私があるのです。

人間の能力には、そう大して差はないので、どこかで無理してでもやらないと、普通《ふつう》の人と同じになってしまいます。

3「八割・二割」主義で自分の強みを育てる

時間資源の配分が成功の鍵《かぎ》

みなさんは、「自分の一日の時間は二十四時間であり、自分の才能には限られた面がある」ということを、まず知らねばなりません。

そして、そのような制約のなかで数十年の人生を生きていくならば、自分がいちばん魂《たましい》に響《ひび》きを感ずるもの、自分自身の内を見たときに内部理想を感ずるものに、時間を振り向けていかねば損なのです。

「自分は無限の才能を持っている」と言える方は結構ですが、そうでない方は、やはり、自分のいちばん大切だと思うこと、いちばん意味を感じることに、自分の時間という資源を傾斜《けいしゃ》配分していくことが大切です。これが人生の成功の鍵《かぎ》であると私は思うのです。

前述のとおり、私は以前、商社に勤めていたので、いろいろなことは一通り経験してきました。ただ、そこで、「のめり込まない」ということが、非常に大事なことであったわけです。

「本業に八割、そして、それ以外に二割。その二割のなかで経験は広めるけれども、自分にそれほど才能がないと思えば深入りはしない」

私は、こういう主義でやってきました。基本的には、やはり、「中心部分を押《お》さえる」ということが大事なのです。こうして中心部分を押さえたときに、それが無限の成功への道につながっていくのです。

影響力《えいきょうりょく》は、自分を磨《みが》き、固めるなかで、徐々《じょじょ》に出てくるもの

人間は、自分がいちばん価値を感ずるものには、継続《けいぞく》した努力をすることが

可能です。それをうまずたゆまず、五年、十年、二十年と続けていくことが可能なのです。しかし、自分が価値を感じていないものに関しては、長く続けることができないのです。

したがって、人間として、この世に生を享《う》け、「自分の個人としての力量には限られたものがある」と自覚することを前提とするならば、みなさん一人ひとりが成功していくためには、「自分の最高のものを引き出す」ということから、断じて目を背《そむ》けてはなりません。

一日が二十四時間しかない以上、やはり、「この二十四時間のなかで、いかに最高度の人生を生きるか」ということを考えていくのが筋です。「これが一つの現代的中道のあり方である」ということを、私は、いま述べているのです。

そして、自分を磨《みが》くほどに影響力《えいきょうりょく》が増してこなければいけません。

人生の時間のなかには、無駄と思われるものもあるかもしれませんが、そのなかからも、魂を磨く経験の部分をつかみ取っていく必要があるのではないでしょうか。

自分の主たる関心でないものに百パーセントを使ってしまう人生は愚《おろ》かです。しかし、百パーセント、自分だけの人生で生きてもいけないのです。なぜなら、「他の人々へ影響を与える」という時間を失ってしまうからです。

やはり、「自分というものを固めていき、そのなかで、徐々《じょじょ》に徐々に自分の影響力を出し、他の人々へ影響を与えていく」ということが大事なのです。

第7章 常に〝先取り学習〟する姿勢を

1 リーダーとしての深み・厚みを身につけるには

リーダーとなって人々を指導する人を見ると、学校で習ったことだけではなく、いろいろな機会に自分なりの発見を積み重ねてきています。それが、その人の深みや厚みとなって、人を導く智慧《ちえ》になっているのです。

幸福の科学の講師がする話をよく聴《き》いてみてください。「聴いてよかった」と思える話であれば、その人が過去の何十年かのあいだに発見してきたものの質が高いのです。いろいろな発見を細かく積み重ねてきている人の語ることには含蓄《がんちく》があります。一方、発見の集積が少ない人の話は内容が薄《うす》いと思います。

その差はどこにあるのかといえば、発見の部分です。過去の何十年かを、漫《まん》然《ぜん》と生きてきたか、多くの発見をしてきたかの違《ちが》いです。経験といっても、単に年を取るだけでは駄目《だめ》なのです。何をつかみ取ってきたか、何を発見してきたか、この集積がものを言うのです。

発見に関して、特に青年層に述べておきたいのは、「観察の大切さ」です。若い人は頭がシャープなので、知識的な勉強はよくできます。しかし、発見の質を高めることができるのは観察しかないのです。

したがって、多くの人を観察することです。そこに多くの教材が眠《ねむ》っていると思って、他の人の考え方や行いをよく見ることです。

「このようなときに、優《すぐ》れた人は、どのような判断をするのか。逆に、失敗していく人は、「どう判断するのか」ということを、よく観察してみてください。

このように観察しているうちに、自分が経験しないことでも、自分の内なる力になってきます。自分自身の経験からだけでは得られないものが、他の人を観察することによって得られるのです。これは大きなことです。

2「ピーターの法則」にハマらないための仕事法

昇進《しょうしん》したら駄目《だめ》になる人

たとえば、「能力はないのだけれども、年を取ったので、その人を役員に据《す》える」「昔ヒットを打ったことがあり、気の毒なので、その人を上げておく」など、人事を年功序列的にやると、それが会社を潰《つぶ》す原因になることがよくあります。実際、これは外国でも同じなのです。

「ある程度の立場のところまでは役に立っても、その上の段階になると役に立たない」ということがあるのです。これを「ピーターの法則」といいます。

平社員のときには非常に優秀《ゆうしゅう》であっても、主任になると優秀でなくなる人がいます。これは、その人の能力レベルが、主任になると、その任に堪《た》えなくなるからです。

主任のときには優秀でも、課長になると優秀でなくなる人もいます。これは、それまで下で仕事をしていたときには、上司に一生懸命《いっしょうけんめい》に仕えていたのに、自分が人を使う側になると、管理職的な能力を持っていないので、人が使えないからです。

また、課長としては優秀に働いていたのに、部長になったときに、急に駄目になる人もいます。課長として、そのラインの長の仕事はできるのです。ところが、部長になると、今度は管理職を使う管理職になります。そうすると、管理職を教えなければいけなくなりますが、管理職を教えるような技能や知識を持っていないため、いつまでたっても課長の仕事をしてしまうのです。

部長が課長の仕事をすると、課長は自分の仕事を取られてしまい、課長以下の仕事をしなければいけなくなります。そうなると、時間創造の逆になり、どんどん時間を奪《うば》っていくほうへと動いていくのです。

さらには、部長のときは有能だったのに、役員になったら駄目になる人がいます。ラインの業務を自分で持っている場合は仕事ができるのに、それがなくなって、これを全体的な目から見るような立場になると、急に窓際族《まどぎわぞく》になる人がいるのです。

朝、出社しても、新聞しか読むものがない。机の上に書類がない。実際の仕事に携《たずさ》わっていない。こうなると、苦しくなってきます。役員になって二年ぐらいで辞《や》める人は、だいたいそうです。

先取りすれば憂《うれ》いなし

こういうピーターの法則というものがあって、残念ながら、ある程度、当たっているのです。

「いまの時点では優秀でも、立場を上げた段階で優秀でなくなる」ということは現実にあります。それは仕事の性質が変わってしまうからです。より高度な仕事に、より多くの人を使える方向に、自分を訓練して高めていかないかぎり、出世することが仇《あだ》になり、出世することで自分の首が絞《し》まることがあるのです。

課長だったら、いきいきと働けるのに、部長になった瞬間《しゅんかん》、駄目になってしまう。このようなことがあるので、出世もよし悪《あ》しなのです。喜んでよいのか、逆に、辞めるのが早くなったのか、分からないところがあるのです。

それでは、どのようにしたらよいかというと、課長になる前に、もうすでに課長の心境で、課長の仕事というものをよく見据《みす》え、いつでも課長になれるぐらいの仕事を心《こころ》掛《が》けてやっていれば、課長になっても落ちこぼれません。また、課長のときには、いつ部長になってもよいように、その準備を何年も前から始めておくと、課長から部長になっても落ちこぼれないのです。

常に先取りする姿勢が大事です。「数年後に、自分がもう一段、出世したとき、その仕事ができるかどうか」という目で、常に上司の仕事を見て、どのようにしたらよいのかを、いつも研究していることです。「備えあれば憂《うれ》いなし」なのです。

より高次な仕事に必要な要素や心得、能力とは何かということを、常々、見ておくことです。

新入社員であっても、将来は社長になるようなタイプの人は、自分の仕事だけではなくて、会社全体の動きや考え方について、じっと見ています。「社長は、いま何を考えているのかな」ということを、じっと見ているのです。ところが、自分の仕事以外には何も関心がない人は、残念ながら、それほど上のほうまで行かないのです。

3　将来の舞台《ぶたい》と協力者をありありとイメージする

人は器《うつわ》相応の未来を引き寄せる

たとえば、課長としては有能な人がいたとします。

組織の心理学などによると、「課としてまとまっていくには、だいたい八人ぐらいがいちばんよい。あるいは、それが限度である」と言われています。そのため、その「課長としては有能な人」は、課員が十人を超《こ》えてくると、だんだん押《お》さえられなくなってきます。それぞれの人の、やっている仕事や、考えていることが、場合によっては名前が、掌握《しょうあく》できなくなってくるのです。

そういう人は、もともと、自分が使える人の範囲《はんい》として、八人なら八人ぐらいまでのイメージしかないわけです。

一方、現実には八人の部下を持っていながら、「将来的には五十人ぐらいの部下を使ってみたい」と思い、「現に使える」という自分を想定し、イメージして、それを思いのなかで、はっきりとかたちに出せる人は、やがて五十人ぐらいの部下を持って仕事をするようになります。

しかし、そういう思いを描《えが》けない人は、そうはならないのです。その途中《とちゅう》で失敗をするか、裏目に出るようなことをして、必ず自分の器《うつわ》相応の立場に行くようになってしまいます。「もう少しで出世できる」というところで、余計なことを言ってしまう。あるいは、間違《まちが》ったことを言ってしまう。こんなことで駄目になることがあるのです。

思わぬ失敗を引き起こす原因

これまで「非常に有能だ」という評価で来ている人がいたとします。「もうそろそろ彼《かれ》を部長にしなければいけない」と、みんなが思っているような人です。ところが、会議のときなどに、誰《だれ》もがごく常識的に知っているような、管理職であれば当然知っているような言葉を、その人が知らないなどということが出てくる場合があります。現実には、どんな人であっても、知らないことはたくさんあるのです。しかし、そのように人目にさらされるところで、それが出てくるというところに、運の悪さがあるわけです。

もっと上の立場に自分が立つことをビジョン化できない人が、そうなってきます。やはり、自分にとって適正な範囲のところに行こうとするのです。

実際、このようなものであり、「自分がリーダーとして立つときに、どこまで多くの人に号令をかけられるか」と考えたときに、だいたい未来が見えるわけです。

4

悩《なや》みが小さく見えてくる、戦略的な生き方

能力が平凡《へいぼん》でも、非凡《ひぼん》な人になれる方法

戦略的に生きるということは、とても大事なことです。毎日毎日のこと、今週のこと、今月のこと、そういった目先のいろいろな問題を解決するために、戦術を使って生きていくことは、ある程度、知恵《ちえ》や能力のある人は、みんなやっていることです。

しかし、戦略的に生きている人は数少ないのです。少なくとも三年ぐらい先まで見通して、現実のパターン、今日《こんにち》ただいまのパターンを組み立てている人は、かなり少ないわけです。これができる人は、それだけで、もうかなり非凡《ひぼん》です。能力は平凡《へいぼん》であっても、思いにおいて非凡なので、現実に、結果的には

非凡な人だと思われるようになるのです。

同業者が、あるいは、同じくスタートを切った人たちが、まだ考えていないことを考え、そこに向かって着々と歩を進めているわけですから、そのスタイルをつくったこと自体が、すでに非凡なのです。

器さえできれば、中身が入っていようがいまいが、他の人には、そんなには分かるものではありません。

一リットルの瓶《びん》をつくれば、いま中身が入っていなくても、入れようとすれば入れることはできるのです。一合の瓶であれば、一合以上は絶対に入りませんが、一リットル瓶をつくってしまえば、入れようと思えば入れられます。自分で入れなくても、雨が降って入ることもあります。

いま入っているかどうかは関係がないわけです。この器をつくってしまうことです。こうした大きな器をつくるためには、「戦略的に生きる」ということが、どうしても大事です。

つまらない悩《なや》み事《ごと》に負けてはならない

戦略的に生きるためには、理想、目標を立てて、そこから逆算し、段階的思考を積んでいくことです。三年後、あるいは十年後、二十年後を見て、逆算し、「十年後には、自分は、こうなっていなくてはならない。そのためには、五年後はこう、三年後はこうだ」と考えます。すると、いま採るべき方法、筋道というものが、はっきりと見えてくるのです。

この戦略的なものの考え方は、日々の生き方にも関係します。つまり、このように戦略的に生きていると、つまらない悩《なや》み事《ごと》で足をすくわれることがなくなるのです。

みなさんは、いろいろ考えて、「ものすごく難しい問題で押《お》し潰されるのではないか」と想像しますが、現実には、小さなことで失敗してしまいます。
起きるべきものは起きます。事故も起きるかもしれません。いろいろな難問題が降《ふ》りかかってくることも避《さ》けられないかもしれません。一日中、嫌《いや》なことが起きつづけることもあるかもしれません。

このときに、その小さな問題に負けてしまっては、当然いけないわけです。それを、自分の全人生と比較《ひかく》するような、大きな問題と思ってはいけません。戦略的に生きなければならないのです。

「自分は、十年後には、このようにならなければいけない人間なのだ。五十年後には、こう生きなくてはならない人間なのだ」と思っていると、上司に怒《おこ》られても、「いま、この上司に頭を下げることぐらい、平気だ」という気持ちになります。

したがって、戦略としては、「自分は、そもそも、こんなところに住むべき人間ではないのだ。いま、自分は、仮相の世界のなかに、たまたま少しいるだけなのだ。彼らの世界なのだ。ぼくには関係がないのだ」などと考え、バシッと切ってしまうことです。

そうすると、それなりの心構えができてきます。そして、みなさんは、つまらないものを切り捨てていくことができるわけです。

戦略的に生きることによって、日々のつまらない悩みを切り捨てていかなければなりません。そのくらいのスケールで物事を考えねばならないのです。

第8章 逆境に強い「器《うつわ》」をつくる

1 フランクリン・D・ルーズベルトの「言《い》い訳《わけ》しない生き方」

逆境のときこそ、必ず何かをつかめ

不遇《ふぐう》をかこっているときに、ぜひとも気をつけなければいけないことは、「こうした不幸な境涯《きょうがい》にあるのは自分一人だ」という考えに陥《おちい》らないことです。病人もそうですが、挫折《ざせつ》や失敗のさなかにある人も同じでしょう。「自分一人だけが、どうして、こんな目に遭《あ》っているのか」という思いになりやすいの

です。

そうしたときには、どうか、目を開《ひら》いて、もっと心を開いて、多くの人々を見ていただきたいのです。どのような人がいるかを見れば、決して順調な人ばかりが成功しているわけではないことが分かるはずです。何らかの失敗や逆境をバネにして、それ以上に頑張《がんば》っている方が、必ずいるはずなのです。

アメリカにも、有名な、車椅子《くるまいす》の大統領（フランクリン・D・ルーズベルト）がいました。普通《ふつう》は、車椅子を必要とするような体になれば、社会的活動は難しくなりますが、彼《かれ》は、大統領として、きっちりと仕事を果たしました。他の人とは違《ちが》って、「言《い》い訳《わけ》の人生を生きず、自分のできることを果たした」ということだと思います。ハンディ（不利な条件）を乗り越《こ》えるだけの努力をしたのです。そういう方もいます。

こうした方は、逆境のなかにあって、必ず何かをつかんだのだと思います。

逆境のなかにありながら、普通の人でも達せられないようなところまで上がってくる方には、必ず共通する面があります。

成功者の四つの共通点

その一点目は、「逆境や困難を決して他の人のせいにしない」ということです。決して、他の人のせいにしたり、運命を呪《のろ》ったりするようなことはしません。そのようなことをしても何のプラスにもならないということを、充分《じゅうぶん》に知っているからです。

二点目は、「自分に与《あた》えられた運命を受け入れている」ということです。「これさえなければ」と考えるのではなく、その悪《あ》しき運命や逆境を受け入れています。それを現実だと見なして、その現実からいかに立ち直るかを考えているわけです。悪しき運命、現実を、受け入れる決意、勇気があるのです。

三点目は、「その逆境から必ず教訓を見いだしている」ということです。この逆境が自分に教えんとしているものは、いったい何であるのかを、必ず見つけ出しています。それが、のちのちまで、その人の心の宝になっているのです。

四点目は、「『他の人を頼《たよ》りにしよう』『他の人の援助《えんじょ》で生きていこう』とは決してしていない」ということです。不利な境遇《きょうぐう》のなかにいても、あくまでも、独立独歩、独立不羈《ふき》の精神、あるいは自助努力の精神を忘れていません。与えられた運命を運命として見て、その現状を現状として受け入れ、しかし、受け入れてそのままで満足するのではなく、それをみずからの力で打開しようとしているのです。この過程を必ず通っています。

ここで哀《あわ》れみをそそるような人は、やはり、大成することはないのです。そうした誘惑《ゆうわく》に駆《か》られることは多いでしょう。しかし、他人の同情を引きはじめると、その人は、一生、ずっと同じように、同情を引かなければならない人生を送るようになっていきます。

「ついこの前まで黄金の時代であったのに、いまは、こんな境遇になってしまった」というような、不遇な環境《かんきょう》にあればこそ、また、肉体に欠陥《けっかん》や疾患《しっかん》があればこそ、不遇をかこつなかで、他の人の援助を受けて生きていこうとしたならば、それは魂《たましい》としては敗北であるわけです。

その運命を潔《いさぎよ》く受け入れ、今度は、それを乗り越えていこうと決意しなければなりません。

2 「待てない人」は墓穴《ぼけつ》を掘《ほ》って失敗する

失敗したとき、あと半年待つことができるか

悪の発生原因の一つとして、「時」というものもあります。行動としては同じであっても、チャンス、機会を間違《まちが》ったときには悪となることがあるのです。

会社経営を題材に取って説明しましょう。

将来は発展する会社だということが分かっていても、現時点での人員や資金力に見合う活動範囲《はんい》を見極《みきわ》めずに、たとえば一年後の活動を先取りしようとすると、そこで失敗が起きます。これは当然あることです。

大した資本金もないのに、「宣伝を打てば人が集まってくる」と思って、どんどん宣伝をしたところ、大して人が集まらず、経営不振《ふしん》に陥ってしまったな

どということは、幾《いく》らでもあります。

ある程度、実績をつくり、「よし、もう一歩」というときに拡大戦略を採れば、成功することがあるのですが、「一か八《ばち》か」という、神風特攻隊のような気持ちで全資金を投入して、結局、その賭《か》けが外れるということは、幾らでもあるのです。

これらは、「時を間違った」と考えてよいと思います。

失敗者のパターンを見てみると、時の部分で引っかかっている人が数多くいます。人生に失敗する原因の一つは、「待てない」ということである場合が非常に多いのです。

あと半年待てば何とかなるものを、その半年が待てないで右往左往し、自分なりに動いて墓穴《ぼけつ》を掘《ほ》ることが、けっこうあります。胸に手を当てて考えれば、みなさんのうちの七、八割の人は心当たりがあるはずです。

時期さえ逸《いっ》しなければ、タイミングさえよければ、うまくいくものを、失敗の考え方、イメージというものが心のなかにある人は、自分でもがいて墓穴を掘ることが、けっこうあるのです。

余計な〝サイドワーク〟が、ますます成功を遠ざける

「もう少しでうまくいくときに、変なことをしてしまう」ということは、よくあります。人事での昇進《しょうしん》などでもそうです。

Aさんのことを、上司は、「この人を課長にしなければいけない。次の人事異動は四月なので、四月になったら、この人を課長にしよう」と考えているとします。

ところが、Aさんと同期のBさんが前年の十月に課長になっているとすると、Aさんは、自分の昇進が遅《おく》れたことが非常に苦しいのです。上司が、「彼も力

量的には同じぐらいだから、四月には課長にしなければいけない」と思っているにもかかわらず、本人は、この半年間が待てないわけです。

そこで、Aさんは、先に昇進した同僚《どうりょう》のことを悪く言い出します。「おかしい。彼は私と力は変わらないはずだ。いや、私のほうが上かもしれない。それなのに、先に課長になるというのは、よほど、おべっかを使ったに違《ちが》いない。何か裏のルートを使ったのではないか」というようなことを言いはじめます。

そして、その話がだんだん上司の耳に入ってきます。上司は、「A君もB君と同時に課長にしようと思ったのだけれども、ポストがまだ空《あ》かなかった。そこで、何とか四月までにポストをつくろうと思っていたのだが、A君はB君の悪口ばかり言っている。ああいう人物を課長にしてよいのかどうか。ちょっと問題があるかもしれないから、もう半年待ってみよう」と考えます。その結果、また昇進が遅れます。

そうすると、その間《かん》、またいろいろと自分で動き回って、墓穴を掘っていきます。いよいよ、「この会社の人事はなっていない」という考え方をするようになり、ますます課長になれなくなるのです。

こういう人は非常に多くいます。確率的に見て、ほんとうに多いのです。こうした人は時が見えていないのです。

「分からないということは罪になることがある」と、みなさんは知らなければいけません。分からないということは、他の人の責任ではなく、自分の責任です。そのため、認識力《にんしきりょく》を高めていく必要があるのです。

同期の人より昇進が遅れたときに、悠々《ゆうゆう》として生きていれば、上司は、「あんな大人物だったのか。それをきちんと遇《ぐう》さなかったのは申《もう》し訳《わけ》ない」と思い、かえって昇進の時期が早まります。

ところが、上司が「何とかしよう」と考えているのに、余計な〝サイドワーク〟をすると、ますます昇進が遅れることになるのです。
しかし、これがなかなか分からないわけです。

人知れず自分を磨《みが》いていれば、チャンスは巡《めぐ》ってくる

「石の上にも三年」ではありませんが、とにかく、力を蓄《たくわ》えながら、甕《かめ》のなかに一滴《てき》一滴と雫《しずく》をためていくような気持ちでもって、内部に蓄積《ちくせき》をして頑張っている人は、やがて道が開けることになります。

そうした人は、自分の力でも道は開けるのですが、他の人が放《ほう》っておきませ
ん。みずから光を放《はな》っているような人を、世の中の人は捨てておかないのです。

みなさんは、「世の中の人は自分を認めてくれない。自分をきちんと遇してくれない」と思っているかもしれません。しかし、世の中には、「何かチャンスがあれば、引き上げてやろう。道を開いてやろう」と思って、みなさんを見

ている人が、幾らでもいます。ところが、そういう人たちが〝釣《つ》り糸《いと》〟を垂れているのに、その針に引っかかってこない人、自分で右往左往して駄目《だめ》になっていく人が多いのです。

こういうときに、やはり、みずから金剛石《こんごうせき》の光を放っていくことが大事です。自分に光が当たらない場合には、「まだ時期が来ていない」と思って、さらに自分を磨《みが》いていくことが人生の秘訣《ひけつ》なのです。

五年も十年も自分を磨いている人を、ほかの人が放っておくことは絶対にありません。実際は、「そこまで持ちこたえるだけの器量がない」ということです。そして、「持ちこたえる器量がない」ということは、すなわち、「その人が成功しなくても、やむをえない」ということを意味しているのです。この辺を考えていただきたいと思います。

3 自分の器《うつわ》を知り、欲を畳《たた》むと、成功が続く

「自分にふさわしい結果」が現れる

現代では、外食産業などにも、どんどん、新しいものができていますが、数年前のある調査によれば、「新しく開いた店の約七十五パーセントが三年以内に撤退《てったい》する」とも言われていました。

「チェーン店を広げよう」と思っている経営者は、「自分の会社のチェーン店が、日本中に、何百、何千と広がっていくことこそが理想である」と考えているでしょう。しかし、世の中には、自分の会社だけが存在するわけではなく、同じような仕事をしている同業他社がたくさんあります。

同じようなコーヒーチェーンもあれば、同じようなラーメン屋も、同じよう

なスーパーもあります。

「外食産業では、開店して三年以内に約七十五パーセントが撤退する」というのは、「過当競争によって同業者が潰《つぶ》し合っている」ということでしょう。日本の人口自体は、いま、ほとんど増えないので、過剰《かじょう》な供給があれば、結局、「お客様に選ばれる」というかたちで淘汰《とうた》されることになります。

自分の会社が発展することだけを考えている人から見れば、それは、なかなか受け入れがたい結果であるかもしれません。

ただ、もう一つ別の視点、すなわち、全体を見る目も必要です。同業他社の努力や、「お客様が何を選ぶか」という結果をよく見て、自分に与えられた「分」や器《うつわ》、与えられるべき名誉《めいよ》というものを、じっと見通す目も必要なのです。

「自分にふさわしい結果が現れてくる」ということは、知っていなければいけません。「希望は実現する」とはいえ、やはり、理想の難度が高くなればなるほど、実現の可能性が低くなることは事実です。

成功を続けるコツ――欲を畳み、次に備える

人間には欲があります。その欲は、ある程度までは、その人を成長させるための原動力になります。しかし、その欲が拡大していく過程では、足が絡《から》まって倒《たお》れるようなかたちで、うまくいかなくなることもあります。

船の底にカキ殻《がら》がたくさん付いてくるように、成長に伴《ともな》い、いろいろな欲望が付随《ふずい》して現れてきて、邪魔《じゃま》になってくることもあれば、他の人の考えや人間関係などで、しがらみができることもあり、ストレートにいかなくなるときがあるのです。

ある程度のところまでは、欲に基《もと》づき、「欲を伸《の》ばす」というかたちで元気にやっていけますが、ある成長点を超《こ》えたあたりから、今度は、「欲を捨てる。

欲を畳《たた》んで絞《しぼ》り込《こ》む」ということが必要になってきます。このように、成功の原理が変わってくることがあるのです。

槍術《そうじゅつ》では、「槍《やり》は突《つ》くよりも引くほうが難しい。引く速度がかなり速くなければ名人にはなれない」と言われています。槍を突いて穂先《ほさき》が刺《さ》さっているあいだは、槍を縦横無尽《じゅうおうむじん》に使うことができないからです。引くのが速い人の場合は、槍を自由に動かせる時間が長く、その範囲も広いのです。

欲は次から次へと出てきますが、「これは、自分には、ふさわしくないものだ。自分の器、自分の適性から見て、ふさわしくない」と思ったとき、あるいは、時流や時期を見て、「いまは、ふさわしくない」と思ったときには、欲を畳み、そして、次に備えることが大切です。それができる人が、さらなる成功を続けることになるのです。

第9章　人を生かして成果をあげる

1　正反対の意見を斟酌《しんしゃく》できると出てくる、不思議な力

リーダーに成長できる、有能な人の特徴《とくちょう》

有能な人は、三十歳《さい》ぐらいになるまでは、だいたい、よくしゃべります。頭の回転が速いため、言葉数も多く、上司の説明を最後まで聴《き》かずに答えを出してしまうような人が多いのです。上司が説明しかけると、すぐに「分かりました」と言って、最後まで聴かずにやってしまうような面があります。

ところが、三十歳あたりから、言葉数が少し減ってきて、人の話や意見を聴くようになります。他の人が愚《おろ》かなことを言っていても、「そういう考えもあるのかな」「そのなかに何か一片《いっぺん》の真理があるのではないか」などと思って、人の意見を少し聴くようになるのです。

自分の考えだけにこだわらずに、「ほかの人の意見で、参考になるものはないか」ということを考えます。そして、それを取り上げなかったとしても、「自分と違《ちが》う意見、正反対の意見がある」ということに対して、むしろ一定の評価をするようになります。

それ以前の若いころは、自分の考えと違う意見が出ると、「論戦して撃破《げきは》する」ということに専念し、相手を論破して、「勝った、勝った」と言っていたわけですが、だんだん一定の老練さが出てくるのです。

この〝大将の器《うつわ》〟が、説得力を強める

「自分と正反対の考えがある」ということを知らずに突《つ》っ走る場合と、それがあることを知った上で、「やはり、自分の考えのほうが正しい」と思って、やる場合とでは、同じようであって同じではありません。外見は同じように見えますが、実は同じではないのです。

違う意見、反対の意見なども斟酌《しんしゃく》（酌《く》み取ること）した上でやると、やっていることは同じでも、そのやり方のなかに、独特の味わい、深みが出てきます。それが周りの人に何となく分かってきて、説得力を強めるのです。

「この人は、いちおう、反対の意見も知っている。『違うやり方でも成功することがある』ということも知っている。その上で、あえて、この考え方を採り、やっているのだな。この考えを採る以上、さらに奥《おく》なる考えが何かあるのだろう」ということが、〝漏《も》れてくる光〟で周りの人に分かるようになってくるの

です。

一方、「勝つか、負けるか」だけでやっている人に対しては、周りの人は、「どうぞ勝手にやってください。失敗したら、みんなで笑ってあげましょう」と思うようなところがあるわけです。

正反対の意見をよく斟酌しているリーダーの場合には、リーダーが、反対の意見と違う意見を採ったとしても、周りが認めてくれ、ついてきてくれるのです。「自分たちのリーダーは、もし『間違《まちが》った』と思ったら、考え方を変えて、反対の意見を採用するだろう」と予想しているからです。

最初から周りの人をライバル視して、「自分と反対の考えは叩《たた》き潰《つぶ》す」という人であったら、反対の意見など、全然、採用するはずはありません。

これが一つの器《うつわ》といえば器なのです。この器ができてくるかどうかが、大将になっていけるかどうかの分かれ目になるのです。

2 あなたを管理職ならしめる三つの条件

「長たる者」は、どうあるべきか

会社内における「長たる者」のあり方について、話をしたいと思います。

「長たる者」といっても、小さなものは、係長、課長レベルから始まって、さらに、部長、取締役《とりしまりやく》、重役、社長などといった役割があります。そこで、その呼称《こしょう》は問わず、「管理職といわれる人が、どのような器を持っているべきであるのか」ということについて考えてみたいと思います。

管理職が管理職である理由は、少なくとも次の三つの条件を有していることであると言えます。

第一は、「高度な判断をしなければならない」ということであり、「高度な判断能力を有する人であり、結論を出さねばならない人である」ということです。第二は、「部下を訓育、指導する、教育者の役割を持っている」ということです。第三は、「経済的に他人の幸・不幸を分ける立場にある」ということです。

つまり、具体的に、給料やボーナスなどの面において、他人に対し、その幸福感を与《あた》えたり減らしたりする立場にあると言えましょう。

このように、「仕事面での判断能力」「教育能力」「経済的調整能力」という三つの能力を持っていることが、管理職の条件になっているのです。

そして、この管理職の条件が、すなわち、管理職の器について考え直してみるための材料になっていると思います。

① 徳を兼《か》ね備えた有能さ

第一に、高度な判断能力の点について考えるならば、管理職は、「有能である」

という意味での器でなければいけないわけです。「有能である」というのは、「仕事について精通しているエキスパートである」ということです。

この点については、特に本書において強調しなくても、それぞれの会社において、すでに実践《じっせん》され、教育が行われており、大方の人の考えも、この点にあることだろうと思います。

ただ、この際に大事なことは、「先見性があり、将来が見通せる」という器が要求されることです。一時的な時点を取ってみれば、「有能な管理職である」ということがありえても、「将来的に見て、どうか」という観点は、また別なのです。

一定の期間だけを区切って、半年なり一年なりで実績をあげることができる人はいるわけですが、なかには、「自分がそのポストに座《すわ》っているときだけ、そのポストでの実績があがればよい」という考えでやる人がいます。自分のあとに来る人のことは考えずに、「二年なら二年のあいだ、自分がそのポストにいる期間内だけ、業績をあげる」ということに頭を使う人がいます。

実際上、会社における査定は業績が対象になっているわけであり、そのポストにいるあいだに実績があがらなければ、昇給《しょうきゅう》も昇格《しょうかく》もありません。こういう査定方式に大きな問題があるといえば、そのとおりでしょうが、そのため、前任者が去ったあとに後任者が来てみると、大変な問題がたくさんある場合もあります。

「自分の任期が切れたあとは、会社がどのような不利な立場になろうとも、おかまいなし」という商売をやっている人がいるのです。「取引先に将来の見返りを約束して、現在だけの利益をあげる」「一年目、二年目だけの利益をあげて、将来のことを棚上《たなあ》げにしていく」という人がいて、こういう人のあとに来た後任者は、たいへん苦労をすることになります。

「単に自分の任期のあいだだけ実績をあげればよい」というような考えを持って仕事をしていれば、のちのち、その会社自体にも、あるいは後任の人々にも、迷惑《めいわく》をかけることになります。

したがって、最終の判断能力、業務遂行《すいこう》能力という点を勘案《かんあん》したときに、「自分の業績に直接には関係のない部分においても徳を積む」という考え方を持っていただきたいと思います。

仕事のうちの六、七割は、自分の業績に反映するものであってもよいのですが、残りの三、四割は、将来、会社が成長していくための布石《ふせき》となり、自分のあとに来る者への布石となるようにしなければなりません。そういうことを、常々、念頭に置かねばならないと思います。

② 専門知識のストックと「人間をよく知っている」こと

管理職の器を考える際の第二は、教育者としての資質です。これは、必ずしも評価されていないところがあると思います。有能性で評価されることが多く、この「教育者としての器」の部分が評価されていないことが多いのです。

どちらかといえば、有能な人には、他人を押《お》しのけてでも自分の業績をあげていくことに熱中するタイプが多く、教育者タイプの人は窓際《まどぎわ》になったり、落ちこぼれたりしていくことが多いように思われます。

今後の企業《きぎょう》が一つの人間完成の場として使われていくとするならば、「教育者としての管理職」という面にスポットを当てていく必要があります。

では、教育者としての管理職であるためには、どのような条件が必要なのでしょうか。

もちろん、「後進の者を教えることができるようなノウハウ、つまり、専門知識における「ストックがある」ということが、まず、前提として必要だと言えるでしょう。

もう一つの条件としては、「人間をよく知っている」ということが必要だと言えます。人間をよく知っていなければ、真に人を教えることはできないはずですし、その人の長所を伸《の》ばすこともできないのではないでしょうか。「専門知識においてノウハウを持っている」ということだけでなく、「人間を知っている」ということが大切です。

そのためには、管理職になるような人は、事前に、人間についてのさまざまな知識を学び、人生経験の幅《はば》を広げておく必要があります。

この教育者としての能力の部分は、今後、ますます、時代の要請《ようせい》として脚光《きゃっこう》を浴びるようになってくるでしょう。

③ 威儀《いぎ》を正した公平な判断

管理職の器を考える際の第三は、「管理職に当たる人は、実際上、成績考課を行《おこな》っているため、部下の経済問題について、大きな鍵《かぎ》を握《にぎ》っている」ということです。

管理職は、部下の昇給や昇進《しょうしん》、ボーナスの査定などを、仕事として行っているわけですが、「そのさじ加減一つによって、『将来、その人がどれだけ経済的に潤《うるお》うか』ということが支配されている」と言っても過言ではないのです。

まず、「自分は、他人の経済的な幸・不幸に影響《えいきょう》を与えるような立場にある」ということを知らなければいけません。

それゆえに、評価における公平性ということを、どうしても考えなければならないのです。むしろ、威儀《いぎ》を正して、仏の意を問うようなつもりで、公平に人々に接し、公平な判断を下さねばなりません。自分の好き嫌《きら》いや、えこひいきだけで判定をしてはならないのです。

この公平感というものを養っていくためには、単に、学校教育を受け、社会人教育を受けただけでは無理です。それだけでは公平感というものは出てきません。

真なる公平感が出てくるためには、やはり、自分の心を真っすぐにする必要があります。心を真っすぐにするためには何が必要であるかというと、「より高次な精神的なるものを学ぶ」ということです。「威儀を正し、謙虚《けんきょ》に、偉大《いだい》なるものに帰依《きえ》する」という気持ちを持っている必要があります。

他の人の幸・不幸を左右するような立場にある自分であるならば、あたかも神聖な仕事をしているような気持ちで、その職務を遂行する必要があるのです。

この最後の点、「自分の主観的判断のみに偏《かたよ》らない」ということが、とても大切であると思います。

3 相手の天運を見抜《みぬ》けるか

東郷平八郎《とうごうへいはちろう》の起用で勝った日露《にちろ》戦争

戦争で言えば、連合艦隊《かんたい》の司令長官などの場合、用兵がうまくいかなければ、一国が敗戦国になり、五十年、百年と不幸な状態が続くこともありますし、逆に、用兵がうまくいけば、勝利することもあります。

そういう点から、先の第二次大戦時の日本を見ると、大将や中将、少将あたりの人を用いるにあたって、かなり問題があったように思います。官僚型《かんりょうがた》の出世の仕方をした人を実戦にぶつけたようなところがあり、残念ながら、適材適所ではなかった面があると感じます。

日露《にちろ》戦争では、東郷平八郎《とうごうへいはちろう》が連合艦隊司令長官になりましたが、彼《かれ》自身は、どちらかというと、出世頭《がしら》ではなく、彼よりも出世していた人がほかにいたのです。しかし、「東郷は運のよい男である。そして、徳がある。さらに、本部が命令したことを忠実に遂行する人物である」という理由で、司令長官に抜擢《ばってき》されました。

彼は、それ以前に、大佐《たいさ》になったあたりで、「もうそろそろ退官か」と言われるような人だったらしく、小柄《こがら》で、それほど才気煥発《かんぱつ》でもなかったのですが、将の器だったのです。

日本は彼を司令長官に立てて日露戦争に勝ったわけですが、もし違う人が司令長官になっていたら、負けていたかもしれません。そういうことはあるのです。その場合、国にとっては、百八十度、違った結果が出てきます。

天界からの指導を受けている人を選ぶ

成功するためには、自分一人の力では駄目《だめ》で、「どのような人の助力を得るか」ということが大事です。

そのためには、よく人が見えることが大切です。それは、「人の能力や才能、あるいは、その人が持っている天運を見抜《みぬ》く」ということです。

履歴書《りれきしょ》等を見れば、その人の過去のことはよく分かりますが、それだけでは判断できないものがあります。その人間が発している独特のオーラのようなものがあるのです。

それは、「守護霊《しゅごれい》や指導霊《しどうれい》の助力を得ている人であるかどうか」ということです。そうした天からの助力を受けている人の場合は、霊界《れいかい》からのさまざまな働きかけがあるため、本人の実力以上の仕事ができるのです。

天界からの指導を受けている人が、しかるべき立場に立つと、その人を助ける人たちがたくさん出てきます。ところが、天界からの指導も受けておらず、逆に悪霊《あくれい》に憑《つ》かれている人が指導者のポストに座ると、その人が引き寄せるのは悪霊の手下のような人になります。逆になってくるのです。

そういう意味で、よく人が見えることは大事です。そして、成功するためには、自分の志に共感する人が協力者になってくれることが、非常に大きな力となるのです。

リーダーに贈《おく》る言葉②

成功の本道

成功へと到《いた》る道は、それほど難しいものではない。
ごくごく単純な方法があると、
私は、あなたがたに語っておきたい。
しかし、その単純な方法は、
継続《けいぞく》ということが難しいのだ。
一時期は、その気になることはあっても、
営々と努力を続けていくことが難しい。

まず、陽気であれ。
まず、積極的であれ。
まず、健康であれ。
まず、勤勉であれ。
まず、すべての人に感謝をする心を持ち、
常に努力への道を歩め。
このなかに成功の鍵《かぎ》はすべて秘められている。
あとは持続だ、継続だ。
それができるかどうかが
成功者と失敗者を分けるのだ。

第Ⅲ部

価値を創造するイノベーターでありつづけるには

Winning Strategies for Leaders

第10章　組織規模や環境《かんきょう》に応じて戦う

1　弱者の兵法《へいほう》、強者の兵法

組織を分析《ぶんせき》する視点

どの組織体も、その特徴《とくちょう》を分析《ぶんせき》すると、すべての面でナンバーワンであるということは、あまりありません。どこも、ある程度の強みは持っていますが、弱みも持っています。そのため、自分の組織の強みは何であるのかを考えて、強みのところで勝っていき、弱みのところでは、被害《ひがい》を出さないように、上手にやらなければいけません。そのように、「一つの組織のなかにも強みと弱みがある」という考えがあります。

また、「一定の業界のなかで、自分たちの置かれている立場が、どのあたりであるか」ということによって、相対的にスケールや力が小さい場合は弱者になり、大きい場合は強者になるため、「それぞれのスケールや力によって戦い方が違《ちが》ってくる」ということは当然あります。

この辺が、経営において、非常に微妙《びみょう》でもあり難しくもあるところです。経営者は、まず、自分たちの組織の規模を見て、弱者か強者かを考えて戦略を立てなくてはいけないし、弱者と強者のどちらであるかを決めても、その組織のなかにも強い面と弱い面があることを考えなくてはいけないのです。

たとえば、「資金が非常に多く、資本の蓄積《ちくせき》の面では強者であるけれども、技術面は弱い」というところがあります。反対に、「お金はあまりないけれども、技術面は非常に強い」というところもあります。あるいは、「技術も弱いし、お金もないが、ＰＲだけは上手だ」というようなところもあります。

組織には、それぞれのキャラクターがあり、強みと弱みがあるので、それに合わせた戦略・戦術を立てていかなければならないのです。

ニッチを攻《せ》める「弱者の兵法」

一般《いっぱん》原則としては、弱者は強者と総力戦で戦っても勝てません。これが一般原則なのです。したがって、自分は弱者だと思ったならば、自分の強みのところで勝つべきです。

たとえば、小さな会社でも、「技術だけは非常に優《すぐ》れている」ということがあります。あるいは、「この技術に関しては優れている。大企業《だいきぎょう》も手が出せないような、限定的な技術において、非常に優れている」ということがあります。

こういう会社は、その部分で徹底的《てっていてき》に戦うことです。

これが、いわゆるニッチ産業、隙間《すきま》産業です。大きなところは手が出せないような隙間の部分があり、それをニッチといいます。そういう隙間の部分を徹底的に攻《せ》めると、そこに穴が開《あ》いていって道ができてくるのです。

ところが、そのニッチの部分のマーケットが一定以上の規模になると、資本の大きな大企業が参入してきて、市場《しじょう》を奪《うば》われてしまうこともあります。そのときには、次の態勢を考えなければいけません。みずからも大きくなるか、あるいは、別のニッチ、隙間のところを見つけていくか、そういう方法があります。

弱者の兵法《へいほう》は、基本的に、隙間を狙《ねら》っていくニッチ型なのです。強者が油断している隙間、強者が手を出さない隙間のところに攻め込《こ》んでいく、意表を突《つ》く攻め方をしていくのが、弱者の兵法です。

「ガリバー企業」と言われるような大企業に、全部の面で勝とうと思っても、勝てはしません。しかし、その企業のなかにも弱いところがあります。あるいは、自分の会社のなかに、「この部分は特別に強い」というところがあったりします。その部分で戦えば、勝てることはあるのです。

それから、相手は手を広げすぎているので、その隙を突き、油断しているところを攻めるという勝ち方があります。これが弱者の兵法です。

戦わずして勝つ「強者の兵法」

強者の兵法は、その逆で、「相手が少なければ、大軍でもって囲む」という戦略です。

これは豊臣秀吉《とよとみひでよし》が得意とした戦法であり、特に、彼《かれ》が天下人《てんかびと》になってからは、たいてい、この戦法を用いました。敵と味方の軍勢を見て、敵のほうが一兵でも多いときは絶対に戦わず、和睦《わぼく》をするなどの政治的手腕《しゅわん》を使います。そして、自分の軍勢のほうが多いとなったら、攻めかかるのです。

だいたい相手の十倍ぐらいの軍勢で攻めています。小田原を攻めたときも、秀吉は十倍ぐらいの大軍で攻めました。そうすると、相手は戦意をなくしてしまうので、戦わずして勝ち、味方の被害が少なくて済《す》むのです。

相手と同じような戦力で戦うと、被害が非常に大きくなります。たとえば「一万人」対「一万二千人」という戦いであれば、かなりの死傷者が出ます。ところが、「一万人」対「十万人」になると、一万人のほうは戦意をなくしてしまいます。勝負をしても一瞬《いっしゅん》で負けてしまうことが分かるので、戦わずして降参するのです。これが強者の兵法です。

強者と弱者には、一般的に、「全体の規模が大きいか小さいか」ということもありますが、それ以外に、その場所での強者と弱者がありうるのです。これを知らなくてはなりません。

2 信長《のぶなが》に学ぶ、市場《しじょう》での勝ち残り戦略

織田《おだ》信長は、なぜ「桶狭間《おけはざま》の戦い」で勝てたか

作戦を考えるときには、自分をあまり過大評価しないことです。「自分の能力は、ある程度、限定的なものであり、限界がある」と思ったほうがよいのです。「この少ない能力で、どうやって成功するか」ということを考えなければいけません。「自分は、能力が溢《あふ》れて溢れて困っている」と思っている人は、作戦を立てることはできません。

「織田信長《おだのぶなが》は、なぜ『桶狭間《おけはざま》の戦い』で勝てたか」ということを考えてみましょう。これは、長く歴史のテーマになっているので、研究している人も多いでしょうが、信長の採った戦法は、彼が初めて考えたアイデアではなく、昔の兵法に

ある戦法だったのです。「大軍を相手にするときには、その中程《なかほど》、中軍《ちゅうぐん》を狙え」というのは兵法の常識なのです。

あまりにも大きな軍勢になると、先頭と後尾《こうび》のあいだの距離《きょり》が長くなり、命令が届きにくくなります。その真ん中あたりの中軍を討《う》つと、頭と尻尾《しっぽ》が分断されるので、相手は、何が起きたか分からず、ばらばらになって、木《こ》っ端《ぱ》みじんになるわけです。

今川義元《いまがわよしもと》の兵は三万人ぐらいいたと言われています。一方、信長の兵は、二千人とも三千人とも言われています。「十倍の敵を破るには、どうするか」ということです。

今川義元は東海道を行軍してくるのですが、道はあまり整備されていないので、長蛇《ちょうだ》の列になります。「三万人の軍勢が行軍したら、どのくらいの長さになるか」ということは、だいたい想像がつきます。

信長は、今川義元が桶狭間で休んでいるところを襲《おそ》ったわけですが、「そのときに桶狭間で義元と一緒《いっしょ》にいた兵隊たちは三百人ぐらいだった」と言われています。三百人のところに二千人で襲いかかれば、勝つのは当然でしょう。信長は勝つべくして勝ったわけです。

「中軍を狙う」、これは兵法の常識なのです。

大軍勢になると強いように見えるのですが、大軍勢が強いのは、平地において全軍で一斉《いっせい》に攻めかかった場合です。

それ以外に、中軍を討つ戦い方としては、「敵の軍勢が川を渡《わた》るときに、その半分が川を渡ったところで襲う」というものがあります。半分が川を渡ったところで襲うと、相手は前後が分断されて目茶苦茶になります。

兵法の常識——「中軍《ちゅうぐん》を狙《ねら》う」を経営に使うには

この「中軍を狙う」という戦い方は、現代で言えば、こういうことです。大企業には、動きが大きすぎ、長蛇の陣《じん》のように伸び切っていて、細かい部分で作戦が立たない面があります。そのため、「ここを襲えば勝てる」というコア（中核《ちゅうかく》）の部分を攻められると、崩《くず》れてしまうことがあります。

たとえば、日本の、ある大手のスーパーは、安売り合戦をずっとやってきたのですが、敗れてしまいました。結局、新しい力に敗れたのです。

なぜ負けたかというと、多角化しすぎていたことが原因です。長蛇の陣を敷《し》いていると、経営者は、個別のところについて、それほど絞《しぼ》り込んで見ることはできません。そのため、狭《せま》い範囲《はんい》を一気に攻めてこられると、そこを破られてしまうのです。

そのように、一部の大手のスーパーやデパートが傾《かたむ》いたりしていますが、そういうところを捉《とら》えているのはどこかというと、コンビニなど、小さな駆逐艦《くちくかん》のような戦い方をしているところです。そういうところが、ある程度、流行《はや》っています。

ところが、この駆逐艦のようなところは、品揃《しなぞろ》えが何百種類もあるため、それに対して、今度は、ハンバーガーの単品や丼物《どんぶりもの》の単品などで安売り攻撃《こうげき》をかけ、お弁当マーケットを攻めてくるところが出てきます。そういう狭い範囲に絞って攻めていくと勝てるのです。

力が大きくなったときには、大きくなったなりの戦い方があるのですが、大きくなるまでの戦い方としては、やはり、絞り込んで戦力を集中しなければいけません。そうしないと勝てないのです。いかに相手が大きくても、すべての部分で同じように強いわけではないので、相手の弱いところに戦力を集中し、特化すれば、そこを撃破《げきは》することができます。

3　不況期《ふきょうき》の企業《きぎょう》経営、三つの心得

①　強みの部門に戦力を集中する

不況期《ふきょうき》における企業経営の心得を述べておきましょう。

不況期には、赤字の部門、不採算部門の人員や予算を若干《じゃっかん》締《し》めて、強い部門をどんどん伸ばしていくことが大事です。

もっとも、赤字には、健全な赤字、積極的な赤字というものがあります。いまは赤字であっても、将来は発展する可能性が高く、二、三年すれば黒字になって会社を支えるような部門があるのです。

こういう将来性のある部門、将来は黒字に変わることが見えている部門については、削《けず》らずに頑張《がんば》り抜《ぬ》かなければいけません。これは先行投資です。

しかし、構造的な赤字部門は縮小していき、そこの予算や人員をシフトして、黒字の部門を強化していく必要があります。

それから、不況期には投資の仕方が非常に難しく、一般的に言って、会社の売上額の二十パーセント以上の投資は危険です。この点を常に念頭に置いておくことが大切です。

欲望が膨《ふく》らみすぎると倒産《とうさん》の原因になり、大勢の社員が路頭に迷うことになるので、企業家は非常に堅実《けんじつ》な考え方をしなければいけません。一本調子の発展ばかり望むことはできないのです。

経営者というものは、最初はアイデア豊富にいろいろなことへ挑戦《ちょうせん》していくのが普通《ふつう》ですが、一定以上の成功を収めたあとも消えずに残っている人は、ある程度の段階からは、「負けない戦い」を考えているものです。

経営者は、「これはやめておこう。これはしないほうがよい」ということが分からなければ駄目《だめ》なのです。一見、撤退《てったい》に見えることや、一見、消極的に見えることのなかにも、実は、発展の芽はあるのです。

「資金や人員の無駄《むだ》な投下をやめ、無謀《むぼう》な計画を中止し、健全なところに絞り込んでいく」、これは植木の剪定《せんてい》のようですが、非常に大事な考え方です。人間はどうしても目先のことに注意が行き、戦線が拡大していくので、気をつけなくてはならないのです。

どれほど強大な軍隊であっても、兵線が伸び切ると危険です。いろいろな所で戦いを始めると勝てなくなります。精鋭《せいえい》部隊が集結して一気に戦えば敵を撃破できますが、部隊があちこちに点在すると、もともとは強い軍団であっても弱くなってしまいます。戦いに打ち勝つためには、優秀《ゆうしゅう》な指揮官の下《もと》に戦力を集中させ、最も重要な所を突破《とっぱ》していくことが大事なのです。

そして、戦う相手が複数の場合、採るべき戦術は各個撃破です。全軍でもって一つひとつの戦いに勝っていくのです。「一つの戦いに勝ったのち、次の戦いに挑《いど》んでいく」という戦い方をしなくてはいけません。

②会社の体質を強化して将来に備える

不況期には、経営体質を強化することも非常に大事です。

好況《こうきょう》のときには、広告宣伝費や交際費などに湯水のごとくお金が使えて、脇《わき》が非常に甘《あま》くなっているものなので、不況期には、会社の体質を強くすることが重要になります。会社の体質強化のためには、まず、無駄なものを削り、ローコストを実現することです。

また、人材について、〝社内失業〟をしている人と、そうでない人とを見分けなくてはなりません。この時期に、「ほんとうに大事な人、稼《かせ》いでいる人は誰《だれ》なのか」ということを見極《みきわ》めていく必要があるのです。

③ 人材への投資

それから、人材への投資、教育も大事です。いったん景気がよくなると、社業がどんどん拡張していくので、それに備えて、しっかりと社員教育をしておく必要があります。その時点ですぐに収益にはつながらなくても、社員によく勉強をさせて、将来のための蓄積をつくるのです。

このように、不況期には内部の力を充実《じゅうじつ》させることが非常に大事です。企業であれ個人であれ、不況期や不調時には、「少し身を縮めてエネルギーを集中させる」ということが必要です。エネルギーを分散させすぎないことです。「エネルギーを集中させ、そしてためて、それを最も大事な一点に投下し、突破していく」、これが成功する考え方なのです。

4 事業の好調時にこそ備えておくべきこと

発展期に考えるべき三つのこと

組織において、あるいは一つの事業において、発展の期間というものがあります。そのときには、「何をやっても、うまくいく」という時期が続いていきます。

しかし、おもしろいことに、世の中というのは非常にバランスがとれているものであって、「一つの仕事だけ、一つの業種だけが異常に好調である」ということが何十年も続くことはありません。「会社の興亡《こうぼう》というものは三十年の周期で繰《く》り返される」と言われますが、同じように、仕事にも、そういう波があると言ってよいでしょう。

それゆえに、発展中の時期には幾《いく》つかのことを考えておく必要があります。

第一には、発展の時期というのは、そういつまでも続かないことが多いので、「発展の時期に、やれるところまで発展してみる。最大の発展を狙《ねら》う」という方法があります。「発展の機会を捉《とら》え、伸ばせるときに徹底的に伸ばしていく」という考え方が、まず推奨《すいしょう》されるべきです。これが、限りなき発展を目指すための第一の智慧《ちえ》です。

第二には、「発展の期間に多角化を図《はか》る」という考え方があります。発展のときには、一つの強い商品を持っているか、一つの強い収入源を持っていることが多いので、それを梃子《てこ》として、いろいろと、次なる可能性を開拓《かいたく》し、新規の種まきをしていくこと、五年後、十年後、二十年後に刈《か》り入れができるような種まきをしておくことです。

すなわち、「発展期には、未来に向けての確実な投資を行《おこな》っていく」ということです。いますぐに効果が出なくても、何年後かに効果が出るような投資を行っていくことが大事だと思います。

限りなき発展を目指すための第三の智慧として挙げられるのは、「現在とまったく逆の状況《じょうきょう》が起きたとして、そのときにも生き残っていける方法論を構築しておく」ということです。

発展しているときには、なかなか考えにくいものですが、「最大の危機が来たとして、自分の会社は、いったい何年、持ちこたえることができるか。どのような方法で持ちこたえることができるか」という部分について、底固めをしておくことも大切なのです。

環境の変化のなかで生き残るために

たとえば、自動車の輸出で大きな利益を生みつづけた会社であっても、外国が、しだいに、その輸入車を締め出すことによって、販路《はんろ》が狭《せば》められていくことがあります。

そういうときには、次なる販路を求めて、第三国に輸出をしはじめたり、現地生産を始めたり、いろいろなことをして生き残っていこうとするでしょうが、「やがては、車そのものが売れなくなる時期が来る」ということも考えておかなければいけないと思います。

そのように、「現在の発展の原因であるものが、まったくの空振《からぶ》りになるようなときに、どうするのか」という観点もあります。すなわち、「ある特定の地域、たとえばアメリカなりイギリスなりで売れなくなる」というような問題ではなくて、「車に乗る人がいなくなり、車そのものが売れなくなったら、どうするのか」という観点もあるわけです。

そのときのために、まったく逆の発想をしておく必要があります。つまり、未来への投資ということだけではなくて、「車が必要でなくなったとき、次に必要となるものは、いったい何であるのか」ということを考えねばならないのです。

そういうイメージを持っていれば、車の次に来るものは、空中を飛ぶものか、地下や地上、あるいは水上を非常な高速度で動くものしかありえないわけです。

したがって、飛行機の実用化がもっと進んだ場合や、水上を非常に速い速度で動くものが出た場合、あるいは、地上や地下を猛烈《もうれつ》な速度で動くものが出た場合などの検討を行い、「この辺に、自動車会社として、入り込める余地があるかどうか」ということを考えておかねばなりません。

現在の発展の原因となっているものが、まったく裏目に出たときでも生き残っていけるような構想を、つくっていく必要があると思います。

5 どんな環境のなかでも常勝《じょうしょう》しつづける力

① マーケティング――セグメンテーションでニーズの発見・創造を

マーケティング、市場の開拓の基本はニーズの発見です。「人々が必要としているものを発見する」ということが基本的なやり方なのです。

ただ、すでに類似《るいじ》商品がたくさんあったり、同じような会社が数多くあったりする場合には、ニーズを発見することは、なかなか大変です。すでにニーズが満たされている場合には、今度はニーズを創造しなければいけません。

新しいニーズをつくるためには創意工夫《くふう》が必要です。「もっとよい方法、もっとよい製品、もっと便利な製品がないか」ということを考えるのです。

このように、マーケティングにおいては、ニーズを発見するだけではなく、次に、「ニーズをつくり出す。ニーズを創造する」ということをしなければいけません。

また、誰《だれ》にでも通用するようなものをつくることは、ほんとうの意味でのマーケティングではありません。

昔、アメリカの自動車会社のフォードが、「T型フォード」という、黒塗《くろぬ》りでまったく同じ形の自動車を大量生産することによって、自動車の値段を下げ、普通の労働者でも自動車を持てるようにしました。ヘンリー・フォードという人は、それで一時代を築き、財産をつくったのですが、フォードは、やがてGM（ゼネラルモーターズ）に敗れました。

フォードは、なぜGMに敗れたのでしょうか。実は、フォードの成功したところが逆に失敗の原因になったのです。

フォードは、同一規格で大量生産をすることによって自動車の値段を下げたわけですが、誰もが同じ真っ黒のT型フォードに乗っていたら、誰の車か区別がつきませんし、「同じ色と形の自動車ばかり走っていて、違うのはナンバープレートだけ」ということでは、やはり、おもしろくないでしょう。

しかし、黒以外の、赤や青や白などの車をつくったら、作業工程が複雑になるため、値段が上がってしまいます。だからこそ、「同一規格で大量生産をすることによって値段を下げ、普通の人の給料で自動車を買えるようにする」という目標を立てたフォードが成功したわけです。

ところが、その目標ゆえに次は敗れることになったのです。GMが、さまざまな層を狙った自動車をつくりはじめたら、フォードは競争に敗れてしまいました。

このように、「何かで勝利したものが次は敗退に結びつく」ということがあります。

市場のシェアを奪《うば》おうとしたら、ある程度の標準化・画一化をして、大量につくらないと、なかなか難しいのですが、大きなシェアを持っている会社を破る方法は、その標準化から漏《も》れているところを攻撃することなのです。標準のモデルでは満足しない層を狙って攻撃するわけです。

「セグメンテーション」といいますが、マーケットを区分して、その区分したところを攻めていく必要があります。そうすることによって、新しいニーズを発見・創造し、市場をつくり出すことができるのです。

② イノベーションの痛みに耐《た》えてこそ、発展できる

イノベーションというものを、どのように捉えたらよいでしょうか。

経済学者のシュンペーター風に、「異質なものの結合」という面から捉える方法もあるでしょう。これもイノベーションです。「別なもの、異質なものの

要素が結合されることによって、新しいものが生み出される」というかたちでのイノベーションもあります。

あるいは、経営学者のピーター・ドラッカーは次のように言っています。

「イノベーションとは、新しいものをつくることだと思っているかもしれないが、そうではない。これまでのやり方は古くなっていく。だから、これまで成果をあげていたやり方を捨てなければいけなくなる。何かを一つだけ捨てるのではなく、これまでのやり方、システムそのものを、どさっと捨ててしまわなくてはいけない。この体系的な廃棄《はいき》こそがイノベーションである」

日本の役所のあり方が問題になっていますが、中央官庁などはもっと体系的廃棄をしなければいけない時期に来ています。「何をどう手直しするか。何を変えるか」というようなことではなく、「何を捨てるか」という方向から徹底的に考えなくてはいけません。「ほんとうに要《い》るのか。なくてもよいのではないか」という視点から考えていく必要があるのです。

おそらく、要らないものは山のようにあり、ほとんど、民間企業の邪魔《じゃま》をしているようなかたちになっていると思います。かつて、「敗戦後の日本を立ち直らせる」ということにおいては、役所主導型で非常にうまくいったのですが、民間が力を持ってきたため、今度は、許認可《きょにんか》行政における、さまざまな規制が、民間の仕事の邪魔をする面が強くなってきているのです。

そのため、いま、イノベーションが必要になっているわけです。

そのことを国民があちこちで感じているために、官庁への不満が非常に強いのだと思います。民間の仕事の邪魔をし、効率の悪い運営をしていながら、いばっていて、「税金がまだまだ要る」と言っているのは、どう考えてもおかしいということです。

一定の限界が出たと思ったら、それをどうブレイクスルー（突破）するかということを常に考える必要があります。

ただ、イノベーションには痛みが伴《ともな》います。イノベーションには、これまで成果をあげていたものを捨てていく面があり、そういう意味で、どうしても痛みを伴いますが、発展を続けたければ、どこかで、そういう〝外科手術〟をしなければいけないのです。

③ イノベーションしつづけ、常勝する体質をつくれ

一定の勝利を収めたときには、次に、勝ちつづけるための方法を考えなければいけません。

常に勝ちつづけるシステムの構築というものは、個人においても組織においても必要なことです。たまたま成功したとしても、その成功は長くは続かないのが普通です。諸行無常《しょぎょうむじょう》なのです。常に勝ちつづけるためには、それなりの備

えが必要であり、勝ちつづけるための方法を考えなければいけないのです。

勝ちつづけるためには、「いかにリソースフルであるか。すなわち、いかに資源が豊富で、何度も戦いができるか」ということが大事です。

たとえば、個人として、ヒット商品を出して成功したならば、次は、「ヒット商品を出しつづけるには、どうしたらよいか」を考えることです。「来年はどうするか。その先はどうするか。十年後はどうするか」を考えなければいけません。それは組織においても同じです。いまは勝っていても、「勝ちつづけるには、どうしなければいけないのか」を考える必要があります。

常に勝ちつづけるシステムというものは、一つの方針でもあるでしょうが、これはまた、イノベーションしつづける体質でもあると思います。イノベーションしつづけ、常に創意工夫をして、新しい戦略を組み直せるような組織や個人でなければいけないのです。

常に勝ちつづけるシステムを構築しようと志した場合と、そうでない場合との、人生あるいは組織戦略における優劣《ゆうれつ》には、天と地ほどの差が生まれます。

普通は気がつかないのです。普通は、個別の勝ち負け、勝敗等において、「運がよかった」「運が悪かった」などと思うだけであることが多いわけです。しかし、「常に勝ちつづけるためのシステムを組もう」という熱意を持っている個人や組織は強いのです。

まず考えることが大事です。「どうすれば勝ちつづけられるのか」ということを常に考えることです。そうすれば、ヒントが出てきます。智慧《ちえ》が湧《わ》いてきます。どのような備えが必要なのかが分かってきます。

第11章　組織の人材養成力を上げる方法

1　「教育によって人は必ず成長する」と信じているか

「人を生かす」ということが結局は成功の秘訣《ひけつ》です。これさえ押《お》さえれば、お金など、その他の問題は片づいていくのです。

したがって、まず、いま自分の協力者として現れている人たちから、最大限の力を引き出すことが必要になります。

その際、「人は教育によって必ずよくなり、進歩する」と、教育の効果を信じることが大切です。これは信仰《しんこう》にも似た思いかもしれません。

「早いか遅《おそ》いかの違《ちが》いはあるが、教えて導けば人は必ずよくなり、素晴《すば》らしい結果を生み出すようになる。こちらが努力すれば、相手も必ずよくなっていく」と信じられるかどうかが、真に成功できるか否《いな》かの分かれ道です。

それを信じることができないのならば、その人は指導者になる素質が低いのです。そうした人は、専門的な仕事のなかで自分の特性を磨《みが》いていくことです。自分の特性を生かしてスペシャリストとして生き、ゼネラリストになろうとはしないことです。

一方、「教育や指導によって人は必ずよくなるものだ」ということを信じられる人は、ゼネラリストとしての道を歩むことです。

自分がどちらのタイプかを見極《みきわ》めることもまた、大いなる成功への道だと思います。

2 孔明《こうめい》より曹操《そうそう》が上手《うわて》である理由

自分の考えと違《ちが》う意見を聴《き》かなかった袁紹《えんしょう》

中国の『三国志《さんごくし》』の時代には、「黄巾《こうきん》の乱」が起きて国が乱れ、群雄《ぐんゆう》が割拠《かっきょ》し、さまざまな英雄《えいゆう》が出てきて、離合集散《りごうしゅうさん》しながら天下取りをしました。

そのなかに、一時期、華北《かほく》のほうで力を持っていた、袁紹《えんしょう》という人がいます。

その袁紹が、大軍を率いて、のちの魏《ぎ》の曹操《そうそう》とぶつかったことがあります。

「袁紹の軍の七十万人に対して、曹操の軍は七万人であった」とも言われています。普通《ふつう》は曹操に勝ち目はありませんが、曹操は、この戦いに勝ったのです。「官渡《かんと》の戦い」という有名な戦いです。これで歴史が変わりました。

この戦いのときに、袁紹に対して、参謀《さんぼう》である軍師がいろいろと献策《けんさく》をしたのですが、袁紹は、それを聴《き》きませんでした。自分の考えと違うことを軍師が言うと、その軍師を牢《ろう》に入れたのです。

やがて、袁紹が、全滅《ぜんめつ》に近い大敗をして帰ってくることになり、牢役人が、牢に入れられた軍師に、「よかったですね。あなたが正しかったことが証明されたから、これで外へ出られますね」と言うと、その軍師は、「そうか、袁紹が負けたのか。それなら、おれの命はないだろう」と答えました。

袁紹が帰ってきたら、そのとおりになりました。正しいことを言った人間は殺されることになったわけです。

袁紹は、このような、人の使い方をしました。自分の考えと違う意見を言われると、自分の間違《まちが》いを指摘《してき》されたように感じ、反対の意見を言った人を、ただただ殺していったのです。このようなところはヒトラーとよく似ています。

このタイプの人は、一時期、勢力が強かったとしても、やがて敗れていきます。なぜなら、人心が離反《りはん》していくからです。

人材を集め、組織戦の才能が高かった曹操

こういう人に比べると、曹操には、人材を求める気持ちが強くありました。曹操は、武将を数多く集めていましたし、軍師も、礼を尽《つ》くして、たくさん集めていました。

そのため、諸葛孔明《しょかつこうめい》を軍師とする蜀軍《しょくぐん》がいくら頑張《がんば》っても、曹操が基礎《きそ》をつくった魏《ぎ》には、とうとう勝てませんでした。「魏の国力が蜀の五倍あった」ということもありますが、やはり、「魏は人材が豊富であった」ということは言えます。

なぜ魏は人材が豊富であったのかというと、これは曹操自身の性格によるものでしょう。

曹操は、武将として戦いにも強かったのですが、自分自身、軍師として策を立てることもできる人でした。そういう人は、えてして、才能のある人を嫌《いや》がるものですが、彼《かれ》は、自分も兵法書《へいほうしょ》を書くほどの才がありながら、あえて、才能のある人を求めたのです。そのため、魏には人材の厚みがあったわけです。

蜀のほうは、参謀としては孔明一人がずいぶん目立っていますが、ある意味では、「ほかに大した参謀がいなかった」ということでもあります。

また、蜀では関羽《かんう》や張飛《ちょうひ》などの英雄が目立ちますが、考えてみれば、「魏のほうは英雄の数がかなり多かったので、個人がそれほど目立たなかった」という面があります。

その意味で、曹操は組織戦を展開していく才能がかなり高かったことが分かります。数多くの参謀や大将を擁《よう》し、その人たちを次から次へと繰《く》り出していって、延々と戦いつづけることができたのです。

曹操は、一つひとつの戦《いくさ》では、よく負けたりはしていましたが、負けても負けても立ち上がりました。「赤壁《せきへき》の戦い」で大敗をしても、失脚《しっきゃく》はしません。「何度負けても立ち上がる」という力が強いのです。

これは、彼に、人材を求める心があったからだと思います。

曹操は、「奸雄《かんゆう》」と言われて、評判は少し悪いのですが、ある意味で、『三国志』の真の英雄は曹操かもしれません。

諸葛孔明や劉備玄徳《りゅうびげんとく》は、たいへん人気はあるのですが、別の見方をすると、「孔明は、『天下三分《さんぶん》の計』という余計なことを言って、必要のない戦いを起こしたけれども、結局、蜀の国は次の代に滅《ほろ》びてしまった」とも言えるのです。「孔明が『天下三分の計』を出さなければ、曹操が天下を統一していたのに、孔明がそれを妨《さまた》げた」という見方もあるかもしれません。

そういう意味では、孔明の能力が少し足りなかった面はあるでしょう。

3 「強い遺伝子」を評価する組織にするには

停滞《ていたい》する組織の嫉妬型《しっとがた》カルチャー

経営において大切なことの一つとして、「実力主義人事」を挙げたいと思います。

これはイノベーションのところとも関係があります。伝統的な集団や企業《きぎょう》などにおいては、だいたい、ヒエラルキー（ピラミッド型の階層組織）が固まっており、価値判断が固まってきます。しかし、新しいスタイルの事業を起こして発展させていくときには、必要なものは、どんどん変わっていきます。必要な能力や、仕事で求められる成果が変わっていくのです。

今年は「こんなにできて素晴らしい」と言われたことが、来年になると、もう陳腐化《ちんぷか》していきます。今年は素晴らしいリーダーだった人が、来年になると、そうではなくなっていきます。

これは発展企業にのみ起きる現象であり、発展しないところでは起きません。発展せず停滞《ていたい》しているところは、基本的に、農耕社会、発展しない停滞社会と同じになり、「出る杭《くい》は打たれる」というかたちになります。そのため、なるべく出ないようにして、みんなで「共同体」型を大事にするのです。そういう発展しない社会は、だいたい嫉妬《しっと》社会になりやすく、少しでも出ると打たれるのです。

停滞社会では、平等性も強いのですが、嫉妬が非常に強く、突出《とっしゅつ》する者を許さないところがあります。発展を目指すと差が生じてくるので、この調整が非常に難しいのです。この嫉妬型社会では、発展を目指しても、「誰《だれ》かが成果をあげれば、それに嫉妬する人がたくさん出てくる」というカルチャーがあるため、発展はかなり阻害《そがい》されると言ってよいと思います。

やはり、成功者が出ることを喜ぶカルチャーが大事です。

この点は、日本に比べてアメリカの優《すぐ》れているところだと思います。アメリカでは、個人や企業の成功を非常に尊びます。「成功する人からは、それなりのオーラが出ている」というような考え方に近いわけです。

ところが、日本では、どちらかというと、「なるべく成功しないで、平々《へいへい》凡々《ぼんぼん》、可もなく不可もなく生きる」ということが大事なのです。

また、上司の受けをよくするためには、上司を脅《おびや》かさないほうがよいのです。「上司を脅かさないほうが上司は喜ぶ」ということになると、だんだん、無能な人が上司の下に付いて上がってくることになります。有能な人は、うるさいので嫌がられ、無能な人が上がってくるのです。

無能な人を引き上げるような上司がたくさん並ぶようになると、だいたい組織が大きくなってきて、そのあとは傾《かたむ》いてくるのです。必ずそうなってきます。そして、ごますり型の人や、毒にも薬にもならない人、害にならない人だけが出世するようになります。そうなると、だいたい、組織としては末期になってきつつあるのです。

「仕事そのものが実力の報酬《ほうしゅう》」と考える

よい組織では、「強い遺伝子」というものを評価します。そして、その強い遺伝子に引っ張られて、他の遺伝子まで強くなっていきます。そのように、強さが遺伝していくことが大事です。

強いものを異質なものとして外に出してしまうのではなく、「強いものが出てきたら、それに感染《かんせん》して、ほかの遺伝子までが強くなっていく」という組織をつくると、発展型の強い組織になります。

この意味で、やはり実力主義を採るべきだと思います。

この実力主義を、必ずしも肩書《かたがき》主義と考えるべきではありません。やはり、仕事そのものが実力の報酬《ほうしゅう》だと思うのです。肩書やお金などは、結果であり、残りかすの部分なのです。

やはり、「仕事のよくできる人のところに仕事が集まってくる。仕事自体が報酬である」という考え方が大事なのではないかと思います。

第12章 「目に見えない力」の協力を得る

1 守護《しゅご》・指導霊《しどうれい》の力を受ける

この世的な力だけで勝利することを考えたのでは、必ずしも充分《じゅうぶん》ではありません。「目に見えない世界の力が明らかに働いている」ということは、現実に確認《かくにん》されているのですから、その力を用いない手はないのです。

各人には、守護霊《しゅごれい》という存在が必ず付いています。さらに、職業が専門分化してくると、その職業にふさわしい、いちだんと格の高い指導霊《しどうれい》が付くこともあります。天上界には数限りない指導霊たちがいて、地上の人が、それなりの立場に立つようになると、その人に合った霊人《れいじん》たちの指導が始まるのです。

やはり、こうした指導を受けるべきです。そうすると、非常に素晴《すば》らしい結果が出てきます。

これについては、努力していくと、「援助《えんじょ》を受けている」ということが、ある程度、自覚的に分かるようになってきます。

この守護・指導霊の力を受けるためには、いつも虚心坦懐《きょしんたんかい》でなければいけません。私心というものをなくし、謙虚《けんきょ》に、「仏神《ぶっしん》の力を、この世において体現しよう」という気持ちを持っていれば、しだいに、あの世からの指導のパワーが倍加していきます。

ところが、心に曇《くも》りをつくり、あまりエゴイスティック（利己的）に生きていると、守護・指導霊たちは、だんだん足が遠のいていきます。みなさんも、非常にエゴイスティックな人を見ると、「あまり付き合いたくない」と思うでしょう。霊人も同じなのです。霊人の場合は、特に、そういう波長を感じやすいため、非常に嫌《いや》がり、遠ざかっていきます。

守護霊のなかには、「自分勝手にやりたいなら、もう好きにしなさい」と、地上の人を見放す人もいます。そうなると、今度は逆に、地上の人が、その波長に合った悪霊《あくれい》を引きつけたりすることもあります。

悪霊が憑《つ》いている人を「悪人」と呼んでもよいかもしれませんが、そういう人でも、この世的に成功することはあります。一定の方向性を持って強く念じ、押《お》しの強い生き方をしていると、その世界では、ある程度のところまで成功することがあるのです。

ただ、その高い評価が、生前も死後も、ずっと続くことは、まれです。悪霊に憑かれた人生を送った場合には、たいてい、人に嫌《きら》われるなり悪評が立つなりするので、内心は孤独《こどく》であったり、さみしかったり、不満であったりします。一般的《いっぱんてき》に晩年は不幸であると言えます。

「泥棒稼業《どろぼうかぎょう》で成功しよう」などと思うと、そういうことを過去世《かこぜ》でやったような霊がたくさん寄ってきます。そのように、心の波長に合った霊を引き寄せるのです。

逆に、「大きな志を抱《いだ》き、まじめに精進《しょうじん》していて、私心がなく、素直《すなお》である」という状況《じょうきょう》であれば、天上界からの指導を受けることができます。

そして、自分が努力をして道が開《ひら》けたときには、目に見えない相手ではありますが、ご指導を頂いたことに対して、常に感謝の心を持つことです。「守護霊様、ありがとうございました。指導霊様、ありがとうございました」という感謝の心を持つと、「なかなか感心である」ということで、ますます応援《おうえん》してくれるようになるのです。

2 〝時空間をねじ曲げる〟ほどのビジュアライゼーションを

理想、信念を持って目標設定を

理想や信念を固めたら、次には目標設定が必要です。

目標を設定して、それを実現していこうとする個人があり、組織があるわけです。

理想が純粋《じゅんすい》であればあるほど、目標必達への信念は強くなってきます。

もし理想がいいかげんなものであったならば、それは、「目標が達成できてもできなくてもよい」ということでしょう。会社で言えば、「わが社の製品が売れようと売れまいと、関係ありません」と考えているようなものであり、それは、ほんとうに出来の悪い従業員のものの考え方でしょう。

「わが社の製品は、これだけ優秀《ゆうしゅう》であり、この製品が広がることによって、世の中の人々、国民に、これだけ利益を与《あた》えるのだ。世界の人々に利益を与えるのだ。だから、売り上げを伸《の》ばしたいのだ」と思えばこそ、会社としての売り上げ目標が立ちますし、個人としても営業の目標が立ってくるのです。

まず、きっちりとした方向性、理念を打ち立てなければいけません。それがないものは、宗教であれ、企業《きぎょう》であれ、結局、遊びであって、プロの仕事ではないのです。理想、信念を持って、目標の設定をすることが大切です。

ビジュアライゼーション――目標達成をありありと心に描《えが》く

目標を設定したあとは、「ビジュアライゼーション（視覚化）」によって、目標が達成されている姿を、ありありと心のなかに描《えが》くことです。一年後にその目標が達成されている姿、あるいは十年後にその目標が達成されている姿を、ありありと心のなかに描かなければいけないのです。

その結果を、心の深いところに何度も何度も刻印していくことです。

そのように、明確に未来を設定すると、この世の現象界は、設定された未来の目標に向かって進んでいくのです。

本人の自己念、自分の念も、目標を実現する方向に動きますが、本人の守護霊や、さまざまな指導霊たちも協力してくれます。さらには、そういう強い念は、自分が仕事をする相手にも影響《えいきょう》を与えます。当然、相手に霊的な影響を与えますし、相手の守護霊や指導霊にも影響を与えるのです。

「こんなに強い信念を持っている人がいる」と思うと、相手は、その信念に揺《ゆ》さぶられてきます。そして、じわじわと、いろいろな人とのネットワークができたりして、成功していくようになるのです。その人の理想や言葉などが、ご託宣《たくせん》のように聞こえ、周りの人は、その人のところへ、磁石に引き付けられるように、ぐいぐいと吸い寄せられていくわけです。

理想を実現した姿を心に受け入れる

その力の根本は何であるかというと、理想実現の結果をありありと思い浮《う》かべ、それを受け入れること、そのようになった状況を受け入れることです。

たとえば、自分の会社の売り上げが年間一億円である段階で、「やがては百億円企業にする」ということを言ったとしても、実際に一億円企業と百億円企業では経営のスケールがずいぶん違《ちが》います。その差は百倍です。

その場合、口だけで「百億円、百億円」と言っていても、「現実にそういう会社になったら、どうなるか」ということを心に描けない人は、その途中《とちゅう》で、やはり実現を逃《のが》してしまうのです。

一億円企業には一億円企業の行動の仕方、組織の動かし方、判断の仕方が当然ありますが、「百億円企業になったら、どうなるか」、あるいは、「一千億円企業になったら、どうなるか」ということを、思い浮かべられるようでなくてはなりません。

「わが社は、百億円企業になったら、このようになるだろう。この程度の工場を持ち、このくらいの営業員を持っているだろう。たぶん、こういう所にまで支社を持っているだろう。従業員は、このくらいいるだろう。銀行からの借入金は、この程度、あるだろう。広告を、この程度、打っているだろう」ということが、ありありと思い浮かべられるようでなければ、相も変わらず、一億円企業のままで続いていくことになります。

一億円企業の社長としての意識しか持っていない人は、一億円企業のままで終わり、伸び率もＧＤＰ（国内総生産）と同じぐらいしか行きません。ＧＤＰがゼロ成長であれば自分の企業もゼロ成長、マイナス成長ならマイナス成長、三パーセント成長なら三パーセント成長です。だいたい、「一億円プラスマイナスGDPの成長率」ぐらいの業績で企業が続いていくのです。

自分の企業をそのようにしか思えない人にとっては、一億円企業でずっと続けていくことも一つの幸福でしょう。

しかし、自分自身が、十億円企業、百億円企業、一千億円企業のイメージを、ありありと描くことができ、その実現を信ずることができ、「それを実現することは多くの人の幸福につながる」ということが確信できて、その事業を成し遂《と》げることに強い使命感、信念を感じるのであれば、それを達成した姿を心に描くべきです。

そして、それを受け入れる訓練をしなければいけません。その姿を心に受け入れ、描きつづけることが大事です。

脱《だっ》皮《ぴ》しない蛇《へび》は死ぬ

それを心に受け入れていくと、だんだん、ものの考え方が経営規模に合わせて変わっていきます。経営規模に合わせて考え方を変えられない人は、事業を大きくすることはできず、事業は自分の器《うつわ》以上のものにはならないのです。

ヤドカリでも、大きくなるためには貝殻《かいがら》を替《か》えなければいけません。ほかのもっと大きな貝殻に移らなければいけないのです。同じ貝殻のなかにいたら大きくなれません。また、「脱《だっ》皮《ぴ》しない蛇《へび》は死んでしまう」とも言われています。

同じように、考え方や行動の様式を変えていかなければならないのです。

そのために大事なことは、目標を設定し、「その最終結果が、どういう理想状態に達するか」ということを心に描く力を持つことです。

この力を持たない人、つまり、「理想の結果がほんとうに来たら怖《こわ》い」という人は、理想の状態を心に受け入れることはできなくなります。

3 謙虚《けんきょ》になって、大宇宙の富のエネルギーをキャッチする

あなたにも、そのエネルギーは押《お》し寄せている

みなさんの目には見えませんが、この大宇宙は、素晴らしいエネルギーで満ち溢《あふ》れています。それはそれは素晴らしいエネルギーです。このエネルギーは、物事を発展させる力でもありますし、人々を幸福にしてやまない力でもあります。また、創造性に満ちた力でもありますし、愛に満ちた力でもあります。

この目には見えぬ力が、全宇宙に、パイプや血管のような管で隈《くま》なく張り巡《めぐ》らされて、つながっているのです。そして、その目に見えぬ細い細いパイプは、一人ひとりの心にもつながっています。水道管が残らず各家庭まで通ってきているように、各人の心にまで、この大宇宙のエネルギーは押し寄せてきている

のです。

このエネルギーの使い方は、ちょうど水道の使い方と同じです。つまり、「蛇口《じゃぐち》を回せば水が出るけれども、蛇口を止めれば水は出ない」という仕組みになっているのです。

蛇口を開く努力というものは二者択一《にしゃたくいつ》です。ある種の心の持ち方をすれば、大宇宙のエネルギーのパイプから愛のエネルギーが溢れ出し、ある種のものの考え方をすれば、それが止まってしまうのです。

では、いったい、どのような考え方をすればよいのでしょうか。

不思議なことに、自分のためだけに水を出そうとすると、一時期、出ることはあっても、やがて出なくなって、水は自然に止まってしまうのです。ところが、他の人々にも水を出す方法を教えてあげると、汲《く》めども汲めども尽《つ》きない井戸の水のように、エネルギーの泉が滾々《こんこん》と湧《わ》いてくるのです。まことに不思議なことです。

エネルギーを受け止める方法とは

ここで私が言いたいことは、簡単なことです。「あなたの心の波長を根源の神である『主《しゅ》』の波長に合わせたら、合わせただけ幸福になる」ということです。単にそれだけのことなのです。「主から発される〝電波〟があります。この周波数に合わせれば、その放送電波をキャッチすることができますよ」と述べているのです。

では、主の放送局から流されている電波とは、どのようなものでしょうか。それは、愛であり、智慧《ちえ》であり、勇気、正義、希望、喜び、自由、平等、公平、進歩です。そのようなもので満ち満ちているわけです。

そうした波長に、あなたの心を合わせれば、「合わせる」という努力だけで、無限に光の供給を受けることが可能になってきます。あなたは、そのコツを手に入れるだけで、無限の富を得たのとほとんど同じことになるのです。

あなたがたは、まず、心正しい人でなければなりません。悪を憎《にく》み、正義を愛する人でなくてはなりません。また、「愛というものが普遍的《ふへんてき》なるものであり、地上最大の価値を持つものである」ということを知らねばなりません。それから、「富というものが、この地上の繁栄《はんえい》のために現れているのだ」ということを肯定《こうてい》しなくてはなりません。さらに、「人類すべてが幸福になっていくことが、自分自身の幸福を増幅《ぞうふく》させていくための基礎《きそ》となっている」ということを知らねばなりません。

そして、あなたがたは、もっと、「公的なる生きがい」というものに目覚めなければなりません。自分一人の小さな殻《から》に閉じこもっているのみならず、多くの人々と共に幸福な社会を築いていこうとする精神態度を、かたちづくっていかねばなりません。ユートピアを願う人々が集まってこそ、ユートピアはでき上がっていくのです。

「さあ、心を開け。主のエネルギーを受け止めよ。主の理想をそのままに受け止めよ。人間心で妨《さまた》げることなく、主のエネルギーを受け止めよ」

それが大事なのです。

主の力を授《さず》かりたくば、純粋なる心で、屈託《くったく》のない心で祈《いの》ることです。心のなかの邪心《じゃしん》を取り払《はら》って、ひたすらに主に祈ることです。

主よ
あなたの持っておられる
その大海原《おおうなばら》のような智慧《ちえ》の一雫《ひとしずく》を
私にお与えください

主よ
あなたの持っておられる
その大海原のような愛の一雫を
私にお与えください

主よ
あなたの持っておられる
その大海原のような富の一雫を
私にお与えください

主よ

あなたの持っておられる
その大海原のような慈悲《じひ》の一雫を
私にお与えください

このように祈ればよいのです。

主は無限の存在です。すべてのものを可能にしていく力です。あなたの悩《なや》みなど、主の一雫の力によって解決されていくものなのです。

そして、その主への願いを聞き届けるために、数多くの光の天使たちが、あの世の実在界においても働いています。また地上界においても働いています。あなたが主に祈ることによって、地上に出《い》でたる光の天使があなたを助けにやってきますし、また、実在界にある光の天使も、その仕事を開始するようになってくるのです。

4 心を空《むな》しくして、大いなる力に身を任せる

思うとおりに自己実現できない、ほんとうの意味

どうにもならない状態になったときには、祈りも使ってください。しっかりと祈ってください。

祈りに対しては、応《こた》えが与えられることもあるでしょうし、応えが与えられないこともあるでしょう。

応えが与えられない場合は、「あなたが願っていることのなかに、何か適正でないものがある」ということです。願いの内容が適正でないか、その時期が適正でないか、そのどちらかでしょう。

あなたが「このようになりたい」と願うことが、あなたから見て、「仏神《ぶっしん》の

心に適《かな》っている」と思うならば、祈ってよいのですが、自分の思うようなかたちで応えが与えられない場合には、もっと大きな目から見た別の意志が働いていることもあります。

それに対しては従順であることです。それを受け入れることです。この世限りの視点では分からないことが、たくさんあるからです。

自己実現において、思うとおりにならないことは幾《いく》らでもあります。大きな目から見て、「そうならないことがよい。いまの時点で、希望を叶《かな》えないほうがよい」という判断がなされたのなら、それを受け入れる覚悟《かくご》は必要です。

最大の不幸が幸福になることもある

ただ、祈りが実現しなかったために、不幸が避《さ》けられたり、幸福が持続したりすることもあります。それについては、遠い世界から自分を眺《なが》めるような目で見なければ分からないことなので、祈りが実現しないからといって、仏神を呪《のろ》ったりするのは間違《まちが》いなのです。この点は注意をしておきたいと思います。

私の場合も、基本的には、そうでした。その時点その時点で、思ったことが実現せず、別の方向に行くことがあったのですが、大きなトレンド（流れ）自体は、間違いなく、願っているとおりになっていたと思います。大きなトレンドは、逃《のが》れられないようなかたちで動いていました。

細かい点を見れば、自分の思うようにならないことは幾らでもありました。しかし、「いろいろなところに通じるドアが閉まることが、自分の使命や天命を果たすことになる」ということは、その時点においては、なかなか理解できないことです。扉《とびら》が閉まることは、普通《ふつう》は悲しいことであり、それが次に自分の天命につながるとは、その時点では分からないものなのです。

「最大の不幸と思うことが幸福になることもある」ということも、知っておいたほうがよいのです。

深いところの意識と一体化し、大きな使命に目覚める

人間が考えていることには、意識の深いところで考えているものと、表面意識で考えているものとがあり、表面意識で願っているものについては、実現しなくてよい場合が数多くあります。

大きな流れについては、お任せするしかありません。

人間は、その時点その時点で苦しみますが、その苦しみの大部分は不当なものであることが多いように思います。大きな流れについては、なかなか目は利《き》かないものです。一定の範囲内《はんいない》で、自分の目指すところに向かって一生懸命《いっしょうけんめい》に努力することは、よいことだと思いますが、そのときに、深い心と一体にならなければいけません。

したがって、希望の実現のためには、幸福の科学の精舎《しょうじゃ》などで深い瞑想《めいそう》を繰《く》り返し行うとよいでしょう。表面意識の限界によって、自分が「これは真理の実現である」と思っていることが、ほんとうは単なる煩悩《ぼんのう》や欲望にすぎないこともよくあるので、「深いところの意識と一体化しているかどうか」ということを、繰り返し繰り返し瞑想するとよいのです。

ほんとうに心の内から来るうずきではないものは、いずれ消えていき、正しい道が明らかになることもあります。

最初は自我我欲的《じががよくてき》に努力していきますが、ほんとうに自己実現が進んでくると、だんだん、「大きなものに任せよう」という気持ちが強くなってきます。他力《たりき》のほうが強く出てくるのを感じるようになるのです。

「使命があって、自分は生きているのだ」ということが感じられるようになると、自分がなすべきことについて、迷わなくなってきます。あれこれと迷って、欲望の実現に苦しんでいるうちは、まだ、自我我欲のなかに閉じこもっている状態であることが多いのです。ほんとうに、大きな使命のなかに自分の生きる道を感じたときには、ほとんど迷わなくなります。

そういう意味で、聖務とも言うべき、大きな目から見た公務のようなもの、公《おおやけ》の仕事のようなものに目覚めることが大事です。

第13章　貢献《こうけん》マインドが生み出す大きな力

1　仏教が教える、ウィン・ウィン（win-win）の世界観

常に、他の人のために生きる気持ちを持つ

みずからが成功する過程において、「自分一人の成功にしない」ということは、極《きわ》めて大事なことです。

もっとも、自分自身が、たとえば、会社において、「課長になりたい」「部長になりたい」「役員になりたい」などと思うことが悪だとは私は言いません。

そう思うことは、かまわないのです。

一生懸命《いっしょうけんめい》に働いているのに、まったく他の人々から認められず、尊敬もされないのでは、辛《つら》いでしょうし、やる気も出ないでしょう。何十年も働いていくためには、出世意欲を持つことは、よいことだと思います。

ただ、課長や部長、役員になっていく過程のなかで、仕事や、自分の志の全部を、「自分の成功」という一点に絞《しぼ》りすぎないことが大事です。少なくとも、少しは隙間《すきま》をつくり、百パーセント全部を自分のものにはしないことです。

一リットルの瓶《びん》があったならば、その全部を自分のために使うのではなく、そのうちの一〇〇ccでも二〇〇ccでもよいので、少し空《あ》きをつくり、ほかのものが入ってこられる余地をつくらなくてはなりません。

たとえば、自分が部長になる過程で、ほかの人に対して、その人の成功のために、仕事のお手伝いをしてあげたり、引き上げてあげたり、自分の成功のノウハウを分けてあげたりするのです。

自分が出世していく過程で、「ほかの人にも恵《めぐ》みあれ」という気持ちを持つことによって、多くの人々の支持や賛同を得ることができます。

成功の流れのなかにある人は、ほかの人から、かなり、うらやましがられたり嫉妬《しっと》されたりするものです。

それは、ある程度は、しかたがないことです。成功も何もなければ人は嫉妬しません。失敗している人に嫉妬することはないので、他の人から嫉妬されるということは、自分が成功しているということでもあります。したがって、他の人から嫉妬されることを、ある程度は、やむをえないものだと思って受け入れなくてはいけないのです。

ただ、嫉妬される立場になった場合には、「他の人のために生きたい」という気持ちを常に持っておくことが大切です。それを外に出す必要はありませんが、常に心のなかに持っておくのです。

あなたは「ほかの人の成功」を願えるか

また、他の人が自分より大きな成功をしたときには、自分のほうにも競争心や嫉妬心が出てきたりしますが、それを、極力、抑《おさ》えることです。そして、自分の思いに反するとしても、その成功をほめてあげることです。「素晴《すば》らしいですね」と祝福してあげるのです。

たとえば、他の会社が自分の会社よりも、どんどん大きくなっていったときには、「あそこは、たまたま、うまいことをやって成功した」などと言わずに、「素晴らしい成功ですね。わが社も、できれば、そのようになりたいと思っております」と言える気持ちを持ったほうがよいのです。

「人を呪《のろ》わば穴二つ」という言葉があります。人の不幸や失敗を願うと、その貧しい心が、結局は自分のほうにも失敗を引き寄せてしまうのです。

みなさんも、人の失敗を願っている人を、それほど、応援《おうえん》したり、支持したり、担《かつ》いだりしたくないでしょう。むしろ、人の幸福を願っている人を担ぎたいでしょう。それと同じことです。

「その会社が成功すれば、ほかの会社がみな不幸になる」というような会社は嫌《いや》なものです。会社が大きくなってもよいのですが、「産業界全体のために頑張《がんば》りたい。この産業で頑張ることによって、できるだけ国全体や世界に潤《うるお》いを与《あた》えたい」という気持ちを持っていることが、成功を続けるための条件なのです。

その意味では、自分の欲を抑えることが大切でしょう。「ほかの人の成功を願う」ということは、お人好《ひとよ》しに見える面もあるのですが、自我我欲《じがかよく》を、目一杯《めいっぱい》、出し切るのではなく、それを抑えることによって、実際は、多くの人々の支持を受けることになり、実りの大きな幸福や成功を得ることができるのです。

仏教が説く、世界の法則

仏教は「縁起《えんぎ》の法」を説いています。その縁起の法には、「時間縁起」と「空間縁起」とでも言うべき二つの面があります。

時間縁起は、時間という縦の関係で、「原因あれば結果あり」という法則です。これは、「善因善果《ぜんいんぜんが》・悪因悪果《あくいんあくが》」(「善因善果・悪因苦果《くが》」ともいう)、すなわち、「よいこと、人のためになることをすれば、やがて、よい結果がやってくる。しかし、人に対して悪いことをしていると、やがて、その報《むく》いを受ける」ということです。原因・結果の法則、因果の法則としては、そういうことです。

縁起の法としては、こちらのほうが有名ですが、縁起の法には、もう一つの面があります。それは私が空間縁起と呼んでいるもので、横の関係です。「人と人との関係」「自分と世界との関係」という意味での縁起の法があるのです。

これは、「人は一人で生きていくものではない」ということです。

ある人の説では「人という字は、刈《か》り取った麦藁《むぎわら》（または稲束《いねたば》）を束ねたものが支え合っている姿である」とも言われています。「人は、お互《たが》いに支え合って存在している」というのは、そのとおりです。夫婦《ふうふ》も、親子も、きょうだいも、友達も、仲間も、支え合って存在しています。人は一人では生きていけません。人は支え合って存在しているものなのです。

ある人にとって、物事がうまくいくようになり、よいほうに歯車が回りはじめると、その歯車とつながっている歯車までが一緒《いっしょ》に回りはじめます。

家族のうちで、父親が仕事で成功したら、その妻や子も幸福になります。また、その幸福は、ほかの人たちにも移っていきます。そのように、「人は他人との相互《そうご》関係があって存在しているのだ」ということです。

すべての人は、相互《そうご》に影響《えいきょう》し合う世界に生きている

あなたがよくなることは、ほかの人もよくなり、あなたの会社もよくなり、社会もよくなり、国もよくなり、世界もよくなることなのです。

その逆もあって、あなた以外の人がよくなることは、やはり、ほかの人にも影響《えいきょう》し、あなたにも影響します。

あるいは、会社がよくなれば、その会社の社員もよくなります。

ところが、社員がどれほど一生懸命に働いても、その会社が倒産《とうさん》寸前であれば、社員の働きは報いられません。社員のなかに、いかに優秀《ゆうしゅう》な人がいても、会社が潰《つぶ》れるときには、どうしようもないのです。

「業界自体が不況《ふきょう》で、いろいろな会社が潰れ、再編される」という業界もあります。この場合も、いかんともしがたいものがあります。

さらに、社会の環境《かんきょう》や国の方針によっても影響を受けます。「国が、自由主義、

市場経済を採っているか。共産主義を採っているか。軍事独裁政権か」などということによっても影響を受けるのです。

したがって、「自分は、ほかのものから影響を受けると共に、ほかのものに影響を与える存在なのだ。さまざまなものが相互に影響し合っているのだ」という認識《にんしき》、世界観を持つことが大事です。

2 何が信用や信頼《しんらい》、〝信仰《しんこう》〟を集めるのか

社会への貢献《こうけん》や公器性を掲《かか》げる

会社というものは、「利益の追求」ということを掲《かか》げているでしょう。株式会社であれば、株主の出資によって成り立っているので、利益をあげて株主に配当することは株式会社の使命です。日本の会社は従業員のための会社であることが多いのですが、欧米《おうべい》の会社は株主のための会社であり、欧米では、「株主が会社のオーナーである」という考え方が強いのです。

会社が利益をあげることは、もちろん、従業員のためでもありますし、株主に利益を配当するためでもあります。その会社を信じてお金を出してくれた人に対して、お礼をしなければいけないわけです。

そういう意味で、利益を出すことは、会社としては大事なのですが、単にお金だけで終わらずに、社会への貢献《こうけん》や公器性というものを掲げはじめると、企業《ぎょう》であっても、宗教に似た強い磁場をつくりはじめます。

それは、その企業に対する信頼感《しんらいかん》、「この会社なら信用できる」という、企業の良心、会社の良心への信頼感です。

「この会社のサービスは信用できる」「この会社の人の考えていることは信用できる。信じられる」「最高のことをいつも考えてくれている」「私たちが心配しなくても、素人《しろうと》が考える以上のことを考えてくれている」「この病院の医療《いりょう》は、ほんとうに最高のレベルまで考えてくれている」などという信頼感が立ってくれば、その会社は一種の疑似《ぎじ》宗教となり、宗教に近い面を持つようになります。

そのように、社会への貢献や公器性が高まってきて、宗教に似た強い磁場ができてくると、企業として実社会に大きなインパクトを与えます。

実際は事業活動をしているのですが、ある意味で〝信者〟をつくっているわけです。それは、たとえば、自分の会社の商品に対する信者でしょう。

世の中に、おもちゃの会社はたくさんありますが、「この会社のおもちゃは、子供がとにかく喜ぶし、安全だ」ということになれば、その会社に対する信仰心《しんこう》に近いものが立ってきます。

〝固定信者〟をつくっていく

宗教の信者に似たような顧客層《こきゃくそう》をつくることができれば、それは、リピート客ができたことを意味し、企業の安定化をもたらします。

ホテルや旅館でも同じです。ホテルや旅館で成功するためには、やはり、リピート客をつかまなければいけません。何度も泊《と》まってくれるファンをつくらなければ駄目《だめ》なのです。「一見《いちげん》さん」だけでは、ホテルでも旅館でも、やはり厳しいものがあります。一見さんは、新規オープンのときには来てくれますが、あとは来てくれません。「リピート客を、どのくらい見込《みこ》めるか」ということが、ホテルでも旅館でも成功の条件なのです。

企業の経営者は、こういうことを常に考えていなければいけないのです。

そういう信用、信頼感をつくり、〝帰依《きえ》〟する心をつくることができれば、その企業は長期的に安定しつつ発展するのです。

3 自分の幸福と他人の幸福を貫《つらぬ》く心が繁栄《はんえい》を呼ぶ

個人の幸福は社会全体の幸福とつながっている

現代では、「奉仕《ほうし》の心」を忘れている人が多いようです。「人間は、いかなる存在なのか」ということを忘れ、利己心、エゴのために生きている人がたくさんいます。

そのたぐいの人は、自分では幸福を求めて生きているつもりなのでしょうが、気の毒なことに、「一人ひとりの人間の幸福は社会全体の幸福とつながっている」ということを自覚していないのです。

そのため、世の中を「パイの取り合い」のように見る人生観を持ち、「自分がパイを一切れ取ると、ほかの人の分がそれだけ減る。逆に、ほかの人にパイを取られると、その分だけ自分は損をする。したがって、自分が幸福になるためには、自分が一切れでも多くパイを取ることが必要なのだ」と考えています。しかし、これは人生の半分だけを見て、残りの半分を見ていないのです。

この世の社会は、一人だけの幸福など成立しないようになっています。個人の幸福は社会全体の幸福と密接につながっています。

奉仕《ほうし》の心を持つ人が増えれば、地上天国が出現する

自分の幸福と他の人の幸福を貫《つらぬ》くものは「奉仕の心」です。「世のため人のために役立ちたい」と常に願って生きることは、自分の繁栄《はんえい》のためでもあり、同時に社会の繁栄のためでもあるのです。

奉仕の心とは、別の言葉で言えば「愛」です。愛を仕事のかたちで表せば奉仕の心になるのです。

ところが、これを安っぽい道徳のように考え、本気にしない人がたくさんいます。彼《かれ》らは私利私欲、利己心のままに生き、結局は互いに争い合って、不幸をつくり出すことが多いのです。

奉仕の心を持つ人、「世の中のために少しでもお役に立ちたい」と願う人が、この地上に増えていけば、おのずと地上天国が出現します。それが、とりもなおさず繁栄の姿でもあるのです。

繁栄のための考え方として、奉仕の心は非常に大切です。たとえ個人の仕事であっても、「公《おおやけ》の心」を持たなくてはなりません。「自分の仕事は社会全体と密接につながっている。自分がよい仕事をすることが、世の中をよくしていくことになるのだ」ということを、いつも考える必要があります。

自分も幸福になり、自分の周りも幸福になること、「他の人が幸福になることは自分の幸福でもある」と思うこと、これが最大の幸福なのです。

リーダーに贈《おく》る言葉③

大いなる発想

「過去を見れば、
いったいその人が何者であるかが分かる」とは、
人生の達人の言葉であろう。
では、何を見れば、その人の未来が分かるのか。
その人の未来を予知させる資質とは、
はたして何なのであろうか。

私は、答えは「発想」にあると考える。
人の未来をかたちづくる原動力は、その人の発想にある。

あなたは、苦難の時、いかなる発想をするか。
困難の時、いかなる発想をするか。
悲しみの時に、いったい何を考えつくか。
他人の幸福な姿を見て何を心に思うか。
人生の上げ潮の時に何を発想するか。
そして、いったい何を人生の目標として考えるか。
あなたにとって人生の偉業《いぎょう》とは、はたして何なのか。

時々刻々に発想せよ。
新しき問題には新しき発想で対応せよ。
多くの人がそうするからといって、
なぜあなたも同じ考え方をせねばならぬのか。
世の常識と呼ばれることさえ、
人類の歴史の流れのなかにおいて、
ある時に傑出《けっしゅつ》した人物が発想し、行動してみせたことが、
のちの人々に踏襲《とうしゅう》されたにすぎないのではないか。

新たなる偉人《いじん》よ、出《い》でよ。
新たなる常識よ、出でよ。
精神革命を起こすためには革命的な発想が必要だ。

人々よ、大いなる発想を打ち出してゆこう。
新しき時代を切り拓《ひら》いてゆくのは、
まさしく、あなたであり、私であるのだ。

エピローグ　真実の成功を収めるために

最高の自分を多くの人々に与《あた》える

この世において真実の成功を収めることとは、難しいことではありません。それは、宇宙の法則と一体となって生き切ることです。

そして、宇宙の法則と一体となって生き切ったことの証明が、「最高の自分を多くの人々に与《あた》える」ということなのです。「最高の自己を差し出す」ということです。

この世においては、物を与えれば、与えた分だけ自分から減るように見えます。しかし、霊界《れいかい》の法則においては、与えれば与えるほど、その人がますます富むようになっているのです。「与えれば与えるほど、与えられる」というのが霊界の法則なのです。

成功も同様です。「常に、最善のもの、最高のものを、より多くの人々に差し出そう。提供しよう。そして、より多くの人々の人生に貢献《こうけん》しよう」と願っている人の人生こそ、最高の成功で彩《いろど》られるのです。

利己心に出発するのではなく、利他の思い、愛他の思いで生き切ることです。「より多くの人に最高のものを与え切ろう」と思って生きることです。そこに創意も生まれ、工夫《くふう》も生まれてくるでしょう。

成功とは、そのようなものです。

まず、「信仰心《しんこうしん》なくして成功はない」ということです。

そして、「この大宇宙は、実は豊かな創造のエネルギーで満ち満ちている」ということです。それが、仏の子であり神の子である、あなたがた一人ひとりの本質でもあるのです。

それが本質であるからこそ、その豊かな成功を呼び込《こ》むためには、ごくごく素直《すなお》な考え方を採り、本来の仏性《ぶっしょう》のままに生きていくことが大事なのです。

願いを持ちつづけ、何度でも挑戦《ちょうせん》する気概《きがい》を

仏神《ぶっしん》の心に適《かな》った成功を求めてください。強く願えば、必ず現象化し、現れてくるでしょう。

その願いを持ちつづけてください。持続することが大事です。

心のなかに強く刻み、イメージし、仏国土《ぶっこくど》ユートピアが地上に出現することを、そして、あなた自身がその担《にな》い手となり、力強いリーダーの一人となることを、願ってください。

成功のイメージを心に抱《いだ》きつづけ、しかも、勤勉に努力し、創意工夫を忘れないことです。不遇《ふぐう》をかこったり、挫折《ざせつ》や困難にひるんだりすることなく、何度でも何度でも立ち上がり、挑戦《ちょうせん》していくことです。

そのような気概《きがい》が必要です。

あなたがたは、ほんとうの意味において、やる気のある人間になってください。あなたがた自身が生きていることで、周りの人がやる気になるような、そういう生き方をしてください。

それが、この世を光明化していく第一歩なのです。

『リーダーに贈る「必勝の戦略」』出典一覧

プロローグ　時代の流れを鳥瞰するリーダーの目　■『「幸福の法」講義②』52～82ページ※

第Ⅰ部　リーダーの何に人は惹きつけられるのか

第1章　燃えるような使命感――どうすれば心に火がつくか
1　より上質なビジョンを描く方法　■『神理学要論』163～168ページ
2　「わが社」と「私」は、なぜ必要なのか　■『経営のためのヒント』97～110ページ※
3　大発展企業のエネルギーの源　■『宗教と経営』15～22ページ※

第2章　透徹した見識――自分自身の固定観念から脱出する
1　リーダーに必要な「バランス感覚」「先見性」「社会貢献への願い」　■『成功の法』283～287ページ
2　大局と小事、両方にこだわることができるか　■『常勝の法』179～186ページ
3　夢を描いたら、それをキャッシュのかたちで現実化する　■『経営者に贈る』9～14ページ※

第3章　リスクを恐れない決断力――「思慮深さ」が「優柔不断」にならないために
1　「宋襄の仁」に見る、自滅型リーダーの特徴　■『「人生の王道を語る」講義』85～92ページ※
2　決断力を高め、成果を生むための二つの武器　■『幸福の科学的経営論（上）』19～38ページ※
3　優柔不断を克服するには　■『幸福の原点』172～176ページ

第4章　揺るがない不動心、不退転の意志――あなたの真価が問われるとき
1　どれだけ多くの人の人生に責任を持てるか　■『人を愛し、人を生かし、人を許せ。』101～106ページ
2　負けが込んできても動じないための大局観　■『希望の法』212～217ページ
3　万策尽きた勝海舟は、どうしたか　■『常勝の法』157～162ページ

第5章　公平無私と与える愛――にじみ出る「人徳」こそ、信頼の源泉
1　欠点の反省なくして発展はできない　■『経営のためのヒント』68～77ページ※

2　時代を超えて尊敬されるリンカンの人徳　■『「幸福の原点」講義』39～48ページ※
3　徳の総量は愛の段階に比例する　■『光ある時を生きよ』211～221ページ

リーダーに贈る言葉①　必勝の戦略　■『無我なる愛』55～57ページ※

第II部　リーダーシップの不足を招く盲点――基礎力を磨きつづけているか

第6章　基礎をつくり、強みにフォーカスする
1　基礎は、「一度つくったら終わり」ではない　■『不動心』11～16ページ
2　「這いずってでも勉強する」という気概があるか　■『「谷口雅春霊示集」講義』57～68ページ※
3　「八割・二割」主義で自分の強みを育てる　■『悟りの原理』91～102ページ

第7章　常に〝先取り学習〟する姿勢を
1　リーダーとしての深み・厚みを身につけるには　■『人を愛し、人を生かし、人を許せ。』93～94ページ
2　「ピーターの法則」にハマらないための仕事法　■『「人生の王道を語る」講義』50～56ページ※

3　将来の舞台と協力者をありありとイメージする　■『神理学要論』184〜186ページ
4　悩みが小さく見えてくる、戦略的な生き方　■『神理学要論』191〜196ページ

第8章　逆境に強い「器」をつくる

1　フランクリン・D・ルーズベルトの「言い訳しない生き方」　■『常勝思考』35〜39ページ
2　「待てない人」は墓穴を掘って失敗する　■『繁栄の法則』43〜48ページ
3　自分の器を知り、欲を畳むと、成功が続く　■『「希望の法」講義』18〜23ページ※

第9章　人を生かして成果をあげる

1　正反対の意見を斟酌できると出てくる、不思議な力　■『希望の法』223〜226ページ
2　あなたを管理職ならしめる三つの条件　■『成功の法』274〜282ページ
3　相手の天運を見抜けるか　■『常勝の法』50〜53ページ

リーダーに贈る言葉②　成功の本道　■『無我なる愛』49〜52ページ※

第III部 価値を創造するイノベーターでありつづけるには

第10章 組織規模や環境に応じて戦う

1 弱者の兵法、強者の兵法 ■『幸福の科学的経営論（上）』50〜66ページ※
2 信長に学ぶ、市場での勝ち残り戦略 ■『希望の法』250〜258ページ
3 不況期の企業経営、三つの心得 ■『繁栄の法』198〜203ページ
4 事業の好調時にこそ備えておくべきこと ■『成功の法』220〜225ページ
5 どんな環境のなかでも常勝しつづける力 ■①『宗教と経営』83〜88ページ※ ②『幸福の科学的経営論（上）』39〜49ページ※ ③『常勝の法』153〜157ページ

第11章 組織の人材養成力を上げる方法

1 「教育によって人は必ず成長する」と信じているか ■『幸福の革命』96〜98ページ
2 孔明より曹操が上手である理由 ■『希望の法』229〜234ページ
3 「強い遺伝子」を評価する組織にするには ■『幸福の科学的経営論（下）』78〜83ページ※

第12章　「目に見えない力」の協力を得る

1　守護・指導霊の力を受ける　■『常勝の法』41〜45ページ

2　〝時空間をねじ曲げる〟ほどのビジュアライゼーションを　■『宗教と経営』22〜35ページ※

3　謙虚になって、大宇宙の富のエネルギーをキャッチする　■『発展思考』102〜117ページ

4　心を空しくして、大いなる力に身を任せる　■『「希望の法」講義』26〜37ページ※

第13章　貢献マインドが生み出す大きな力

1　仏教が教える、ウィン・ウィン（win-win）の世界観　■『希望の法』192〜200ページ

2　何が信用や信頼、〝信仰〟を集めるのか　■『宗教と経営』61〜66ページ※

3　自分の幸福と他人の幸福を貫く心が繁栄を呼ぶ　■『繁栄の法』163〜168ページ

リーダーに贈る言葉③　大いなる発想　■『光よ、通え』36〜41ページ※

エピローグ　真実の成功を収めるために　■『奇跡の法』233〜238ページ

※は、宗教法人幸福の科学刊。書店では取り扱っておりませんので、詳しくは左記までお問い合わせください。

幸福の科学サービスセンター　TEL 03−5793−1727
（受付時間　火〜金／10時〜20時　土・日／10時〜18時）

大川 隆法 （おおかわ りゅうほう）

宗教法人「幸福の科学」総裁。
1956(昭和31)年7月7日、徳島県に生まれる。東京大学法学部卒業後、大手総合商社に入社し、ニューヨーク本社に勤務するかたわら、ニューヨーク市立大学大学院で国際金融論を学ぶ。81年3月23日、大悟するとともに、同年7月、人類救済の大いなる使命を持つ、エル・カンターレであることを自覚する。86年10月に仏法真理伝道の機関「幸福の科学」を設立(91年3月に宗教法人格を取得)。91年には、英「フィナンシャル・タイムズ」紙等で、「日本の新しい偉大なる宗教家」として紹介された。『太陽の法』『黄金の法』『永遠の法』『生命の法』『アイム・ファイン』『心と体のほんとうの関係。』(幸福の科学出版刊)など、著書は400冊を超え、その多くがベストセラー、ミリオンセラーとなっている。著書を原作とする映画の製作総指揮も手がけ、「永遠の法 The Laws of Eternity」(2006年)など5本の作品は、いずれも全国一斉ロードショーとなり大ヒットした。主な著書は、英語、ドイツ語、フランス語、ポルトガル語、中国語、韓国語など、数多くの外国語に翻訳され、全世界に多数の読者を持つ。

リーダーに贈る「必勝の戦略」
——人と組織を生かし、新しい価値を創造せよ——

2008年　9月4日　初版第1刷
2008年 11月7日　　　第2刷

著　者　大《おお》川《かわ》隆《りゅう》法《ほう》

発行所　幸福の科学出版株式会社
〒142-0041 東京都品川区戸越1丁目6番7号
TEL (03)6384-3777　http://www.irhpress.co.jp/

印刷・製本　株式会社 堀内印刷所

落丁・乱丁本はおとりかえいたします

ISBN978-4-87688-607-4 C0030

大川隆法　ベストセラーズ

大川隆法　ベストセラーズ

発展思考
無限の富をあなたに

豊かさ、発展、幸福、富、成功など、多くの人々が関心を持つテーマに対し、あの世からの視点をも加えて解説した成功論の決定版。

定価1,050円
(本体1,000円)

人を愛し、人を生かし、人を許せ。
豊かな人生のために

豊かな人生を生きるための秘訣とは――。愛の発展段階説とその実践、自助努力の姿勢、独立する精神など、指導者としても知っておくべき珠玉の人生論が語られる。

定価1,575円
(本体1,500円)

「幸福になれない」症候群
グッドバイ　ネクラ人生

自分ではそうと知らずに不幸を愛している――こうした人々を28の症例に分け、幸福への処方箋を詳細に説いた〝運命改善講座〟。

定価1,575円
(本体1,500円)

青春の原点
されど、自助努力に生きよ

将来、大をなすために青春時代に身につけるべきことや、自分も相手も幸福になる恋愛をするための秘訣などが語られる。現代の「セルフ・ヘルプ論」。

定価1,470円
(本体1,400円)

大川隆法　法シリーズ

法シリーズ
第13作

生命《いのち》の法
真実の人生を生き切るには

転生輪廻、ソウルメイト、苦難・困難の意味――。「いのち」という切り口から人生の真実を解き明かす。自分の人生も他人の人生もかけがえのないものであると思える一冊。

定価1,890円
(本体1,800円)

――幸福の科学の基本三法――

太陽の法
エル・カンターレへの道

創世記や愛の段階、悟りの構造、文明の流転《る》《てん》を明快に説き、地球系霊団の至高神、主エル・カンターレの真実の使命を示した、仏法真理の基本書。

定価2,100円
(本体2,000円)

黄金の法
エル・カンターレの歴史観

歴史上の偉人たちの活躍を鳥瞰《ちょうかん》しつつ、隠されていた人類の秘史を公開し、人類の未来をも予言した、空前絶後の人類史。

定価2,100円
(本体2,000円)

永遠の法
エル・カンターレの世界観

『太陽の法』(法体系)、『黄金の法』(時間論)に続いて、本書は空間論を開示し、次元構造など、霊界の真の姿を明確に解き明かす。

定価2,100円
(本体2,000円)

心の総合誌
The Liberty ザ・リバティ

毎月30日発売
定価520円(税込)

心の健康誌
アー・ユー・ハッピー?

毎月15日発売
定価520円(税込)

全国の書店で取り扱っております。
バックナンバーおよび定期購読については
下記電話番号までお問い合わせください。

幸福の科学出版の本、雑誌は、
インターネット、電話、FAXでも
ご注文いただけます。

1,470円(税込)以上送料無料!

http://www.irhpress.co.jp/
(お支払いはカードでも可)

0120-73-7707(月～土/10～18時)
FAX:03-5750-0782(24時間受付)

幸福の科学

あなたに幸福を、地球にユートピアを――
宗教法人「幸福の科学」は、
この世とあの世を貫く幸福を目指しています。

幸福の科学は、仏法真理《ぶっぽうしんり》に基づいて、まず自分自身が幸福になり、その幸福を、家庭に、地域に、国家に、そして世界に広げていくために創られた宗教です。

「愛とは与えるものである」「苦難・困難は魂を磨く砥石《といし》である」といった真理を知るだけでも、悩みや苦しみを解決する糸口がつかめ、幸福への一歩を踏み出すことができるでしょう。

この仏法真理を説かれている方が、大川隆法総裁です。かつてインドに釈尊《しゃくそん》として、ギリシャにヘルメスとして生まれ、人類を導かれてきた存在、主エル・カンターレが、現代の日本に下生《げしょう》され、救世の法を説かれているのです。

主を信じる人は、どなたでも、幸福の科学に入会することができます。あなたも幸福の科学に集い、ほんとうの幸福を見つけてみませんか。

幸福の科学の活動

●全国および海外各地の精舎《しょうじゃ》、支部・拠点等において、大川隆法総裁の御法話拝聴会、反省・瞑想《めいそう》等の研修、祈願などを開催しています。

●精舎は、日常の喧騒《けんそう》を離れた「聖なる空間」です。心を深く見つめることで、疲れた心身をリフレッシュすることができます。

●支部・拠点は、あなたの町の「心の広場」です。さまざまな世代や職業の方が集まり、心の交流を行いながら、仏法真理を学んでいます。

幸福の科学入会のご案内

◆精舎、支部・拠点・布教所にて、入会式にのぞみます。入会された方には、経典《きょうてん》「入会版『正心法語《しょうしんほうご》』」が授与されます。

◆お申し込み方法等については、最寄りの精舎、支部・拠点・布教所、または左記までお問い合わせください。

幸福の科学サービスセンター
TEL 03-5793-1727
受付時間 火〜金：一〇時〜二〇時 土・日：一〇時〜一八時

大川隆法総裁の法話が掲載された、幸福の科学の小冊子（毎月１回発行）

月刊「幸福の科学」
幸福の科学の
教えと活動がわかる
総合情報誌

「ザ・伝道」
幸福になる
心のスタイルを
提案

「ヘルメス・エンゼルズ」
親子で読んで
いっしょに成長する
心の教育誌

「ヤング・ブッダ」
学生・青年向け
ほんとうの自分
探究マガジン

幸福の科学の精舎、支部・拠点に用意しております。詳細については下記の電話番号までお問い合わせください。

TEL 03-5793-1727

宗教法人 幸福の科学 ホームページ http://www.kofuku-no-kagaku.or.jp/